# 人生を大きく切り拓くチャンスに気がつく生き方

——あのとき、
こうしておけば良かったと思わないために

千田琢哉

きずな書房

装丁◉明日修一

# プロローグ

## 長期的な成功者は、重ね続けられる人である。

私はこれまでに1万人以上のビジネスパーソン、3千人以上のエグゼクティブと対話してきたが、長期的な成功者と一発屋さんの違いを嫌というほど1次情報で見せてもらった。

したがって、私が今から述べることはすべて先人のパクリであり、先人のおかげであることを強調しておく。

どうかそれを踏まえた上で読み進めてもらいたい。

私は文筆家として出版デビューしてもうすぐ14年になるが、これまでに著書174冊（文庫版・共著等含めると約200冊、海外翻訳版約50冊）の本を出し続けることができている。

こうして本を世に出すからには建前ではなく本音を述べるが、「こんなに次々と出版できてしまっていいのだろうか。いくら何でも簡単過ぎる」と心配になるくらいだ（これは小説家の村上春樹氏が小説家デビューの思い出を語られていた感想のオマージュである）。

だが出版デビューする前からこうなることは、もうわかっていた。

「そんなのは結果論だ！」と声を荒らげる人もいるだろうが、本当の話なのだから仕方がない。

その証拠にデビュー前から周囲には、「将来は下限で100冊はスルッと通過したい」と言い続けてきたし、初期の頃に取引させてもらった編集者全員にも、「とりあえず100冊でいいから、さっさと出してしまいたい。紙書籍の市場が耐え得るなら1000冊」と伝えていた。

もちろん誰にも信じてもらえなかったが、私には実現できるという未来完了形の確信があった。

さらに紙書籍市場が縮小することは当時からわかっていたから、自前の電子書籍や音声で誰にも遠慮せず、好き放題にコンテンツを発信し続けたらどんなに楽しくて幸せな人生になるだろう、と思い描いていた。

どちらかと言えば、このコンテンツ発信こそが私のミッションである、「〜タブーへの挑戦で、次代を創る〜」を具現するにふさわしいビジネスかもしれない。

もちろん、こちらも経営コンサルティング会社勤務中に念入りに何度も検証済みであり、どの角度から厳しくチェックしても私なら上手くいかざるを得ない、という確信があった。

私以外の人間の何十分の一の時間と労力で、何十倍の収益を上げることができると考えていて、実際にその通りになった。

他人の半分の努力で倍以上の結果を出せるのなら、その分野で徹底的に努力し、命を燃やして楽勝し続けたほうがいいではないか。

繰り返すが、これもまた冒頭で述べたように、今まで私が出逢ってきた長期的な成功者から薫陶《くんとう》を受けたおかげであると強調しておく。

簡単に述べると、長期的な成功者とは、「重ね続けられる人」のことである。

小さな成功やチャンスを貪欲に蓄積し、それらを地道に育て、気がついたらその他大勢の凡人が永遠に届かないほど遠くにまで羽ばたいてしまっている。

その他大勢の凡人はこの逆で、小さな成功やチャンスをバカにして、それらを育てることができない。

だから凡人はいつも一発大逆転を狙っているし、一発大逆転を狙っている凡人を狙った詐欺に引っかかってなけなしのお金を搾《しぼ》り取られるだけではなく、非合法な借金まで背負わされてしまう例があとを絶たないのである。

これは勉強も同じで、どんなに頭の悪い人でも自分が心底情熱を注げる分野の初歩や基礎から呆れるほど地道に継続して学び続けていれば、数十年後にはそこそこ優秀な人が慌てて勉強したところで、到底追いつけないレベルにまで到達しているに違いない。

大切なことは、闇雲に継続したり継続そのものが目的になったりしてはいけないということである。

日々自分でほんのわずかでも成長を実感しつつ、さらに時間を忘れて没頭できる分野だからこそ、その分野で継続的に成功できるのだ。

「成長の実感」という部分がこれまた非常に大切なのだが、それは過去の努力が直接的にも間接的にも繋がっており、成長や実力の重ね塗りができているという揺るぎない実感のことである。

一度この境地に達すると、他人にとやかく言われるまでもなく継続できるようになるし、自分に合った土俵でさえあれば100%の確率で頭角を現わすことができるのだ。文字通り毎日が大フィーバーの人生だから、ギャンブルなんてバカバカしいものはもうやっていられなくなる。

詳しくは本編で述べるが、自分では取るに足らないと思い込んでいる小さな成功やチャンスをその場限りのぶつ切りで終わらせず、上手に繋げて重ね続けられればあなたは長期的な成功者にならざるを得ないだろう。

同じ努力をしていても、重ねられる人と重ねられない人とでは結果は雲泥《うんでい》の差になる。

こうしてあなたが本書を手にしたのも、きっと何かのご縁だろう。ぜひ、これからあなたが素敵な人生を創造するきっかけにしてもらいたいと切に思う。

2021年6月吉日　南青山の書斎から

千田琢哉

# 人生を大きく切り拓くチャンスに気がつく生き方

## ——あのとき、こうしておけば良かったと思わないために

CONTENTS

# ACTION. 1

# チャンスについての初歩と基礎。

# 01
# 運がないのではない。実力がないのだ。

自分には運がないから失敗ばかりしていると思っているあなたへ。
千田琢哉が本書でまず最初にあなたに伝えたいことを話そう。

最初に厳しいことをお伝えしなければならないが、失敗は運のせいではなく実力不足である。

**「勝ちには不思議の勝ちがあり、負けには不思議の負けはない」とは、江戸時代の剣豪だった松浦清《まつらきよし》の言葉であるが、私がこれまでに出逢ってきた人たちを虚心坦懐《きょしんたんかい》に観**

**察していてもまさにその通りだった。**

これは私自身の人生を振り返っても、ほぼ例外なく当てはまる。

高校受験や大学受験の失敗は100%学力不足によるものだし、就職活動や転職活動の失敗も100%実力不足である。

**仮に風邪をひいたとしてもそれは運のせいではなく、日々の健康管理という受験の裏メニューを怠ったためである。**

**微熱でも合格できるくらいの学力を習得しなかったためである。**

就職活動では学歴、転職活動では経歴全般がこれでもかというほど綿密にチェックされるが、成功する人生を歩んできた人と歩んでこなかった人の差は運ではなく、100%実力によるものである。

ここに議論の余地はない。

引っ越したマンションの隣人が質の悪い人だったり、公私ともにいつも面倒な人間関係に巻き込まれてしまったりするのも運のせいではない。

その程度の調査能力だったことや、その程度の空間に身を置いている自分の実力不足が招いた結果なのである。

**ガラの悪い連中に囲まれているのは、ガラの悪い連中に囲まれているレベルの自分に100%責任があることに気づかなければならない。**

経営コンサルティングでは最初に現状分析を行うが、ここを誤るとそこから先のすべてのプロジェクトが無意味になる。

スタートのベクトルが間違っていると、頑張れば頑張るほど努力は報われなくなるし、雪達磨《ゆきだるま》式に不幸を成長させてしまう。

最初の現状分析で酷《ひど》くショックを受けて鬱《うつ》状態になる経営者もいれば涙する経営者もいたが、これを乗り越えられないようでは経営者失格である。

あなたは会社の経営者ではないかもしれない。

しかし、あなたはあなたという人間を経営しなければならないという意味で、経営者なのである。

そう考えると、現状分析を怠っていては、そしてありのままの事実を受容することから逃げ回っていては、真の問題解決から遠ざかり続けることになる。

多くの人々が幸せになれない理由は、そこに原因がある。

**ここだけの話、ありのままの事実を受容するだけで抱えている問題の半分が解決さ**

**れたようなものなのだ。**

ここまで読んでもらえれば、あなたのこれまでの人生のすべての失敗は運によるものではなく、あなたの実力不足や準備不足だったことに気づかされるのではないだろうか。

最後に運の良くなる呪文を囁《ささや》いておこう。

「成功したら運のおかげ、失敗したら自分の実力不足」

これを貫けば、運気は上昇する。

## 01

人生を大きく
切り拓く
チャンスに
気がつく生き方

# 失敗は運のせいではなく、自分に実力がなかったためだと自覚する。

# 02

# 奇跡は3年に一度の割合で降ってくる。

「ずっと運のない人生を送ってきた」
そう、思っているあなたへ。
あなたの考えは間違いだと、
確率論を用いてわかりやすく説明しよう。

確か数学の授業で習ったと思うが、コインを一度放り投げて表が出る確率は2分の1である。

二度続けて表が出る確率は4分の1、三度続けて表が出る確率は8分の1……。

では十度続けて表が出るとすれば、これは奇跡と呼んでもいいのではないだろうか。

そんな離れ業を披露すれば、それはマジックだと誰もが思うだろう。

しかし別にマジシャンではなくても継続さえすれば、十度続けて表を出すことは確率的に不可能ではないのである。

**ちなみに十度続けて表が出る確率は1024分の1だ。**

**これは毎日連続コインの表を出し続けるというゲームを一度するのを、3年間続ければ、確率的には実現可能という意味である。**

いかがだろうか。

そう考えると、我々の誰もに約3年に一度の割合で途轍《とてつ》もない奇跡が降ってくるという計算になる。

ちなみにコインには、表だけではなく裏もある。

**裏の出る確率も考慮すると奇跡は3年に一度ではなく、約1年半に一度の割合で降ってくる計算になる。**

もちろんコインの裏が十度続けて出る場合を反対に奇跡的な不幸が襲ってくると考えることもできるが、それはそれで日々十分に用心して生きればいい。

**忘れてもらいたくないのは、善悪を超越して奇跡は3年や1年半に一度の割合で誰**

**のところにも降ってくるという事実である。**

ひょっとしたらあなたが気づかないだけで、危うく交通事故に巻き込まれそうになったところを、出がけに靴の紐がほどけていたために時間がずれて救われたこともあったかもしれない。

何気なく今いる会社の入社面接では本当は落とされていたにもかかわらず、何かの手違いで採用されてしまったかもしれない。

毎年大量に宝くじを購入してもずっと当選しないのは、一獲千金で人生を台無しにしないためかもしれない。

この世には「北京で蝶が羽ばたくと、ニューヨークで竜巻が発生する」というバタフライ効果や、「意味のある偶然の一致」であるシンクロニシティのように、人知を超えた現象がしばしば起こっている。

だが、それは人間の知能では解明できないというだけで、自然界の摂理としては極めて理に適っているのだ。

**社会哲学者のエリック・ホッファーが「自然はつねに理性的である。自然から引き出される回答はすべて、厳密で論理的である。**

風が竜巻になるのは、非理性的な狂気ではなく、数学的に精確なプロセスによる」と述べているように、自分が理解できないからと言って頭から否定しては人生全般において大きなチャンス・ロスとなる。

ここで述べたコインの表裏の例話《れいわ》も頭から否定するのではなく、「さもありなん」と一度自分の頭で虚心坦懐《きょしんたんかい》に計算してみることだ。

そう考えると、これまでのあなたの人生を振り返ってみて、いかに自分が守られてきたのか、幸運続きだったのかに感謝できるのではないだろうか。

## 02

人生を大きく切り拓くチャンスに気がつく生き方

## あなたは運がなかったのではない。運に気がついていなかったのだ。

# 03 天文学的な確率の奇跡は、あなたがこの世に生まれてきたこと。

あなたは非常に運がついている。
それはあなたがこの世に生まれてきた確率を冷静に計算してみるとわかる。この真実を自覚した瞬間から、あなたの成功は始まる。

「人が一人この世に生まれてくる確率は、1億円の宝くじが百万回連続して当選したものと同じだ」と、某生物学者が述べていた。

確かにこれは、大袈裟ではないかもしれない。

**人口数十億の中でたまたま両親が出逢い、結ばれ、たまたま避妊しないでセックス**

**をして、精子が母親の子宮内で数億倍の競争率に勝利して受精し、妊娠し、無事出産するというのは、まさに天文学的な確率である。**

つまりこの世に生まれてきたということは、すでに奇跡的な幸運の持ち主であることの証明なのだ。

人にはすべてこの世に生まれてきた奇跡以上の奇跡はもう二度と起こらないかもしれず、生まれてきたというだけで幸せなのであり、人生で起こるような幸運や不運はどれも些細なことだと考えることもできるはずだ。

**ちなみに私が最初にこの事実を知った時、「人生はオマケだ」と思った。オマケだから、いい加減に生きようというのではない。オマケだからこそ、果敢に挑戦し、貪欲に楽しもうと考えたのである。**

この世に生を受けたこと以外は、どんなに幸運だろうとどんなに不幸だろうと、大差ない。

そのように思考のフレームが一気に大きく広がった記憶があるのだ。

幸せを享受できるのはもちろんあなたがこの世に生まれてきたからだし、不幸が起こるのもあなたがこの世に生まれてきたからこそである。

もしこの世にあなたが存在しなかったら、そもそもすべては無なのであり、不幸がないのと同時に幸せもないのだ。

知覚できる、呼吸できる、ただそれだけで幸せなことだと感じることができる。

もちろん、善悪を超越して人には自殺するという選択肢も与えられており、本気になればほぼ確実に誰でも死ぬことができる。

反対に、この世に生まれることはどんなに本気になっても絶望的だ。

**すでに述べたように、天文学的な確率でこの世に生まれるわけだから、幸運の持ち主以外はそもそも不幸に遭《あ》う権利すらも与えられないのである。**

人は誰もが生きていれば大失敗をやらかすし、生きていても意味がないと感じることがある。

これは誰もが感じることであり、ただそれを口にする人間としない人間がいるだけだ。

「生きていても辛いだけだ」と思うのはその人が優秀だからではなく、誰もがそう思うのである。

**19世紀に活躍した哲学者ニーチェが述べているように、そもそも人生は虚《むな》しいもの**

だ。

あなたも日々感じたことがあるように、ほとんどが同じことの繰り返しであり、人生は退屈極まりない。

だが、その退屈な人生を正面から引き受けるのだ。

一度、自室に独りで籠《こも》って部屋を暗くして瞑想してみよう。

心臓の鼓動を感じ、肺で呼吸を感じ、座禅を組んでいる尻と床の作用反作用を感じるだろう。

すると、誰でも次のような感情が芽生える。

「人は生きているのではなく、生かされているのだ」

明日目が覚めるのも奇跡なのだ。

03

人生を大きく
切り拓く
チャンスに
気がつく生き方

## 生まれてきたこと自体が最大の幸運と認め、前向きに生きよう。

# 04 チャンスを掴むための瞬発力と握力を日々鍛えているか。

あなたがこれまでの人生でチャンスを掴みそこねてきたのは、なぜなのか？　それはあなたにチャンスを掴む力がなかったからだ。
その〝力〟について解説しよう。

チャンスを掴むためには二つの力が必要である。
それは、瞬発力と握力だ。
どちらか一方だけではダメだし、両方あって初めてチャンスは活かせる。
いずれも筋トレ同様鍛えることは可能なので、どうかこれを機にあなたも鍛え続けてもらいたい。

**チャンスを掴む瞬発力とは、フライングする力である。**

「これをやりたい人はいるか？」と格上の人から言われたら、最後の「いるか？」に被って挙手しなければならない。

それ以外の連中は「えっとー」とか「ちょっとスケジュールを見てから……」とモタモタしているだろうが、彼ら彼女らは永遠に大成することはない。

その他大勢の羊の群れ人生まっしぐらである。

下積みの段階ではどんなに些細なことでもいいから、すべてのチャンスをフライングで奪うくらいの勢いでちょうどいいくらいだ。

**どうせやらなければならないのなら、「え〜、それ私がやるんですかぁ？」とほざいている相手より、フライングでやってくれる相手のほうが上司や先輩、お客様からも愛されるに決まっている。**

組織の出世というのはそうやって決まっていくし、独立開業して成功している人たちも間違いなく瞬発力を鍛え抜いていたのだ。

**そしてもう一つの握力とは、フライングでチャンスに飛びついたはいいものの、そ**

**れを手放してしまわないようにする実力のことだ。**

たとえばライバルに横取りされたり、横取りされないまでも実力不足で「もういい」とチャンスを与えてくれた人から取り上げられてしまったりすることがある。

チャンスを掴むだけではなく、チャンスを掴み続けるためには日々実力をつけていることが大切なのだ。

当たり前と言えば当たり前の話だが、その当たり前をただ知っているだけの人と、知っているだけではなくて実行に移して、さらに習慣化している人とではまるで人生は変わってくるはずだ。

私は大学時代の読書を通してこれらの法則を理解しており、20代の頃はひたすら瞬発力と握力を鍛え続けた。

それも常軌《じょうき》を逸するほどに、である。

その結果として転職先では最短出世コースで管理職になったし、某業界の複数の業界紙で長期連載を担当し、サラリーマン時代にはかねてからの夢だった出版を三度も実現できた。

プロローグでも述べたように、それらすべてを有機的に繋げ、重ねることによって現在の人生を築き上げることができたのだ。

これらすべてはチャンスに対する瞬発力と握力を、貪欲かつ継続的に鍛え続けてきた結果である。

**ついでに言っておくが、瞬発力が足りないために鳴かず飛ばずの人生で終わるエリートは数多い。**

**だから自分はエリートじゃないと自覚している人ほど瞬発力を磨けば、逆転も可能だ。**

もちろんエリートに瞬発力が備われば、鬼に金棒である。

あとは日々粛々《しゅくしゅく》とプロとして技を磨き続け、握力を鍛えるのみである。

## 04
人生を大きく
切り拓く
チャンスに
気がつく生き方

「瞬発力」と「握力」。チャンスをゲットするためにはこの二つが必要だ。

# 05

# チャンスを逃した罪は、途《と》轍《てつ》もなく大きい。

チャンスを逃しても、
「また次があるさ」とのんびり、無反省でいるあなたは、
いまのままでは次のチャンスも逃してしまう。

ここではまた厳しい話をしなければならないが、基本的にチャンスというのは一度逃したら同じものは二度とやってこない。

**「次があるさ」とは、似たようなチャンスが巡ってくるということであり、人・場所・時を変えればチャンスはまるで違うチャンスになるのだ。**

仮に同じチャンスを与えられたとしても、そこにいる人やシチュエーションや日付が変われば、成功率は変わるだろう。

これは恋愛や友情を思い出せばわかりやすい。

初期の出逢った頃と、交際して三カ月後、数年後、数十年後では、相手に対する想いはまるで違うものになっているはずだ。

**能楽の大成者である世阿弥《ぜあみ》は「時節勘当《じせつかんとう》」と述べたが、今この瞬間を逃したらもう二度とそのチャンスは巡ってこないのである。**

芭蕉が発句《ほっく》よりも連句《れんく》を好んだのは有名な話だし、天徳内裏歌合《てんとくだいりうたあわせ》で平兼盛に敗れた壬生忠見《みぶのただみ》は拒食症で亡くなってしまったと言われている。

生花や茶道も刹那《せつな》の勝負であり、刹那を重んじる一期一会《いちごいちえ》の精神に基づいている。

**換言すれば、その瞬間を逃したら少なくともその勝負は負けなのである。**

**どうしようもないくらいに、負けなのである。**

だからこそ、その悔しさをバネにしてチャンスを逃さないようにしなければならないのだ。

もちろん私も含めて、すべてのチャンスを逃さなかった人類は一人もいないだろう。

ただ、逃したチャンスに対して死ぬほど悔しがり、もう二度とこんな悔しさを経験しまいと覚悟を決める人と決められない人がいるだけだ。

私自身の人生を振り返ってみても、せっかくのチャンスを逃した罪は途轍もなく大きく、その代償は一生かかってもカバーし切れない。

思い出すだけで冷や汗が出てきて、また悔しさが蘇《よみがえ》ってくる。

だが、それでいいのだ。

**後悔がゼロの人生は、失敗がゼロの人生同様に、この世には存在しない。**

**その後悔が多ければ多いほど、悔しさが募れば募るほど、人はやる気も出やすいというのもまた事実である。**

本書は綺麗事《きれいごと》を一切排除しているからハッキリと書く。

千載一遇《せんざいいちぐう》のチャンスを逃しても次がまたあるとか、次のチャンスを活かせばあの時の失敗を帳消しにできるというのはほぼ当てはまらない。

1兆円級のチャンスを逃せば、もう二度と同格のチャンスは巡ってこないし、せいぜい1億円や10億円級のチャンスで幕を閉じることのほうが圧倒的に多い。

1億円や10億円でも凡人には十分な成功に思えるが、それは、せいぜい中小零細企業のオヤジさんレベルである。

世界の大富豪として活躍するためには、下限で1兆円以上は必要だろう。

以上は一例話に過ぎないが、芸能界やスポーツ、芸術や文筆の世界でもこれはそのまま当てはまる。

大切なことは、1兆円級のチャンスを逃してもふて腐れてはいけないということだ。

ふて腐れさえしなければ、悔しさを忘れなければ、100兆円級のチャンスが巡ってくるかもしれない。

05

人生を大きく切り拓くチャンスに気がつく生き方

# チャンスを逃したら本気で悔しがらないと次もない。

# 06

# 人相が悪いと、チャンスは遠のく。

成功するためには〝顔がいい〟必要がある。
そして、いい顔になる方法がある。
ここでは人生を切り拓くための
いい顔をつくるための方法に関して話そう。

どうか興奮せずに心臓の鼓動を整えつつ読み進めてもらいたいが、成功するか否かは顔で決まる。

成功者と敗北者は、顔ですでに決まっているのだ。

これは私が毛嫌いするスピリチュアル系の話でもなければ、知人の占い師の話の聞きかじりでもない。

もちろん、私の思いつきでもない。

**Ｆａｃｅｐｔｉｏｎという顔分析システムが開発されており、80％以上の確率でテロリストなどの犯罪者を的中させることができるようになった。**

**人の性格やその人の歩んできた人生は、顔に露呈《ろてい》するのである。**

ここだけの話、幸運な人とそうでない人、エリートになる人と娼婦になる人は、顔でほぼ的中できてしまうのだ。

**何を隠そう、私自身がこれまでに1万人以上のビジネスパーソンと対話してきたため、人相学の精確さは実感できるのである。**

パッと見てズルそうな人はやっぱりズルいし、いやらしそうな人はやっぱりいやらしい。Ｆラン卒はＦラン卒らしい顔をしていたし、早慶旧帝大卒以上は早慶旧帝大以上の顔をしていた。

チンピラはチンピラらしい顔をしていたし、医者は医者らしい顔をしていた。

今回初めて告白するが、私は社内外の採用の面接で同席するよう懇願《こんがん》され、採用後のその人物の働きぶりもほぼ的中させてきた。

それは私が超能力者だとか人相学の素質があるということではなく、これまでの膨大な蓄積からFacеptionのようなものが脳に搭載されているのだろう。

この能力を習得して一番得をしたのは、詐欺師を一瞬で洞察できることである。

詐欺師にも様々なパターンがあるが、一番洞察しやすいのは学歴と顔が一致していないことだろう。

詳細は避けるが、高知能と低知能の顔はまるで違う。

**高知能は必ずしも美男美女とは限らないが、バランスのいい顔をしている。**

**低知能の中にも美男美女はいるが、100％の確率で顔のバランスが悪い。**

そして詐欺師の多くは学歴の詐称をしているから、「あれ、この顔は慶應じゃないぞ」と瞬時にわかり、「詐欺だね」のストレートパンチを浴びせて撃退するのである。

さらに学歴詐称をしている輩《やから》は、三流の顔でキメキメのスーツやわかりやすいブランド品の腕時計や鞄をこれ見よがしにしてくるから決定打となる。

人相には先天的なものと後天的なものがあり、後天的なものは日々の生き様や思考を変えることで克服することができる。

率直に申し上げて易しくはないが、不可能ではない。

すべては習慣である。
いくら笑顔を作る練習を鏡の前でしても、心の中は鍛えられない。
思考や思想は必ず顔に出るから、表面ではなく中身を変えなければ人相は変わらない。
**先天的にはショボい顔だけど、後天的に克服した顔はわかる人にはわかる。**
元ヤンキーでも心を入れ替えて立派に活躍している人は、その典型だ。
一流の世界では、人相が悪いと仲間に入れてもらえない。

## 06

人生を大きく切り拓くチャンスに気がつく生き方

# 心の中を鍛えないと本当の意味での〝いい顔〟にはなれない。

# 07 格上にマウンティングをかましたら、ご臨終《りんじゅう》。

実力がないのにあるように見せる行動
――それが〝虚勢〟。
しかし虚勢だけは絶対に張ってはいけない。
それは卑しく恥ずかしいだけの行為なのだ。

すでに故人になったが、業界では悪い意味で秘密裏《り》に有名な低学歴コンサルタントがいた。
彼は零細企業の経営者にマウンティングをかます方法を伝授して暴利を貪《むさぼ》り、次々に不遜《ふそん》なサービスを全国に跋扈《ばっこ》させた元凶である。

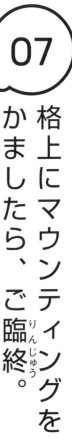

私の知人にも独立起業して彼の指導を受けていた人間が複数いて、急にぎこちないマウンティングをかますような嫌な奴になっていて驚いたものだ。**その低学歴コンサルタントのマウンティング指南とは、高学歴や大企業のエリートたちに負けないよう、常に虚勢を張ってふんぞり返りなさいというものだった。**

冗談のようだが、これは実話である。

私は二社の東証一部上場企業でサラリーマンを経験したが、確かに今振り返ってみると、零細企業が営業をかけてくる場合は、マウンティングをかましていることが多かった。

当時はマウンティングという言葉はまだ流行っていなかったため、普通に「虚勢を張っている惨《みじ》めなノンキャリだな」程度にしか思っていなかった。

ここで私があなたにお伝えしたいのは、マウンティングはすべてバレており、とても痛々しい行為だということである。

これほど恥ずかしい無知蒙昧《むちもうまい》な行為は少ないと言っていい。

**そもそもマウンティングをかまさなければならない時点で、自分が格下で相手が格上だと認めているようなものだ。**

自分で格下をアピールして何が面白いのか。

面白いことなど何もない。

持たざる者が持てる者に対して抱く感情「ルサンチマン（弱者の強者に対する嫉妬、復讐心）」は、わからないでもない。

それどころかルサンチマンは人類が続く限り、半永久的に人の心に棲息《せいそく》し続けるだろう。

それを踏まえた上で念を押しておきたいのは、ルサンチマンを剥《む》き出しにする行為はこの世で最も醜いということである。

**ルサンチマンを剥き出しにするのは理性が劣っている証拠であり、頭が悪いということに他ならない。**

誰もが心の中に芽生える可能性を秘めるルサンチマンを剥き出しにしないことで、この人間社会は秩序を保たれているのである。

人類の歴史においてルサンチマンを剥き出しにした好例が、フランス革命というテロ事件とナチス・ドイツの虐殺のための虐殺だろう。

何やら大きな話に膨らんでしまったが、本質は何も変わらない。

07

人生を大きく切り拓くチャンスに気がつく生き方

# マウンティングをかますのは自分で格下であると認めていることだ。

**マウンティングというのはルサンチマンを剥き出しにする卑《いや》しい行為であり、絶対に格上の相手にやらかしてはならない愚行である。**

最近はテレビやラジオ、雑誌などのインタビューの出演者のクオリティがめっきり落ちてきたが、それはインターネットのせいだけではないと私は思っている。

私はそれらの会社で働く社員とすべて面談したことがあるが、身の程をわきまえておらず、格上から嫌われやすい連中ばかりだった。

だから、一流の出演者から嫌われてカスからしか相手にされないのだ。

# 08 日々の努力と十分なゆとりが、チャンスを引き寄せる。

あなたがチャンスを逃してしまうケースが多いのは、〝忙し過ぎる〟ことに原因がある。
〝成功のためのゆとり〟をつくるにはできる仕事は〝前倒し〟で行うことが必要だ。

これはスピリチュアル的な話ではなく、私の経験から帰納的にルール化した話として読み進めてもらいたいが、チャンスを引き寄せやすい人とそうでない人の決定的な違いがある。

それは、暇な人のほうがチャンスに恵まれるということだ。

**忙し過ぎる人からはチャンスが遠ざかってしまうのである。**

もちろんこれは、何もせずにボーっとしたまま「棚からぼたもち」を待っていればいい、ということではない。

日々の努力が必要条件であるのは言うまでもない。

**日々のたゆまぬ努力と十分なゆとりがあって、初めて必要十分条件が満たされてチャンスを引き寄せるのである。**

私はこれを大学時代の読書で予習しており、新卒で入社した会社ではゴールデンウイーク後早々に外回りを装ってサボり始めた。

営業日報はすべて小説のように数カ月先まで書き上げてしまい、入社2年目には週休5日制を実現していた。

転職先の経営コンサルティング会社では、入社数日後に平社員にもかかわらずフレックスタイム制を上司に直談判して承諾を得て、まるで天国のようなサラリーマン人生を送らせてもらった。

サラリーマン人生のラスト5年間は毎月2回の社内会議だけ出社し、それ以外は完全フリーになった。

経営コンサルタントは多忙で連日徹夜も当たり前の世界だが、私は毎日9時間睡眠を貫き通していた。

嘘のような話だが、すべて実話である。

ここで私は、あなたに怠惰なサラリーマン人生を晒《さら》したかったのではない。

もっと衝撃的な告白をしたかったのだ。

**私がサボればサボるほど、厳密には自分にしかできない成果を出すためだけの核心以外の仕事を放棄して時間を生み出せば生み出すほど、私の仕事の評価と年収は上がり続けたのである。**

この誰も教えてくれない真実を、あなたと共有したかったのだ。

本書を読むほど勉強熱心なあなたは、きっと真面目で勤勉なタイプではないだろうか。

だがその割には努力が報われないとか、運が悪いと思ってはいないだろうか。

その理由は簡単である。

あなたが忙し過ぎるから努力が報われず、チャンスを逃してしまっていたのである。

サラリーマン時代のついでに、現在の私の仕事ぶりも披露しよう。

何を言っているのかよくわからないのを承知のうえで告白するが、仕事は1年前にすべて終了させている。

予《あらかじ》めやると決めた仕事は締切りがわかっているわけだから、前倒しを繰り返しているうちに、結果として1年前に終わってしまうというわけだ。

**つまり私には、毎日朝起きて「やらなければならない仕事」は一つもない。1年先まですべて終了させているから暇しかない。**

だからこそ突然の仕事が舞い込んできても、私の好悪《こうお》だけで100%受けたり断ったりできるのだ。

サラリーマンの生涯賃金も稼ぎ終えたので、時間とお金のゆとりがさらなるチャンスを引き寄せる。

## 08

人生を大きく切り拓くチャンスに気がつく生き方

## 仕事は前倒しで進め、チャンスを掴む余裕を手に入れよう。

チャンスは、仮借ない。

# ACTION.2

# 誰にでも毎日、小型チャンスは降ってくる。

# 09 最前線は、弾によく当たる。

チャンスのない場所、
そんなところばかりに身を置いていないだろうか？
あなたが幸運に出逢わないのは、あなたがいようとする場所に問題があるのかもしれない。

特に20代や転職したばかりの人におススメなのは、できるだけチャンスの降ってきやすい環境に自ら身を置くということである。
業種業界や職種によって事情は様々あるだろうが、あえて積極的に営業を希望するとか、厳しいけど力のある上司の下《もと》で修業するとかがそれに該当するだろう。

戦場では最前線にいると弾に当たりやすい。

それは誰でも想像できるが、チャンスも同じである。

チャンスの降ってきやすい場所は、当然だがトラブルも降ってきやすい。

**そう考えると、人生には二通りしか存在しないことに気づかされる。**

**チャンスもトラブルもない人生と、チャンスもトラブルもある人生である。**

どちらを選ぶのかはあなたの好悪で100%決めていい。

少なくとも私は、20代や転職したばかりの頃は後者を選んだということだ。

チャンスもトラブルも絶えない上司の下で修業を積んだことにより、実に多くのことが学べたし、出世も高い年収も手に入れることができた。

**特にサラリーマンはトラブルを嫌う人が多いが、それはもったいない。**

**なぜなら、何だかんだ言ってサラリーマンのトラブルは横領などの犯罪をやらない限り、最終的には会社に守ってもらえるからである。**

もちろん、それによって出世が閉ざされたり、昇進が遅れたりすることもあるだろう。

しかし、それはトラブルを起こさなくても同じことである。

**ハッキリ言って、トラブルを起こしたから出世が閉ざされるのと、トラブルも起こしていないのに出世が閉ざされるのなら、前者のほうが断然人生は楽しいではないか。**

成長中のベンチャー企業であれば、トラブルを起こしつつ、それらを解決した人間こそが最終的に取締役になるものだ。

実際に私の顧問先では例外なくそうだったし、私自身のサラリーマン時代を振り返ってみても、トラブルとその解決から得たものは非常に多かった。

もちろん、トラブルを解決し続ければまたチャンスをもらえる。

チャンスをもらえば、その過程でトラブルが発生する。

さらに、そのトラブルを解決して実力をつける。

それを見ていた権力者が「お前、なかなかやるじゃないか」と引っ張り上げてくれる、というのが典型的な出世のパターンではないだろうか。

独立後の私は無意識のうちに弾のよく当たる場所に身を置いていたし、だからこそ今こうして優雅な人生を送っていられるのだと思っている。

私が関わっている出版業界は9割以上が都内に本社を持っているが、それはチャンスが降ってきやすいからだ。

就職活動を少しでも有利に進めたければ早慶旧帝大以上に入学するべきなのは、チャンスが巡ってくる桁が違うからである。

**誰にでも毎日チャンスは降ってくるが、自分がどこにいるかによってその数はまるで違うのだ。**

## 09

人生を大きく切り拓くチャンスに気がつく生き方

# トラブルが多くても常にチャンスに恵まれる場所にいる必要がある。

# 10 言い訳を飲み込むと、チャンスを活かしやすい。

必ずチャンスを逃してしまう人――そんな人たちに共通しているのは、〝言い訳〟が多いということ。
なぜ言い訳が多い人はチャンスを掴めないのか？
今回はそのことについて話そう。

ペラペラよくしゃべる人間は、二流や三流の評論家にはなれても、ビジネスでは成功できないことが多いのはなぜか。

それは口からエネルギーを発散させてしまうからである。

**せっかくのエネルギーを行動に移していればかなり大成できたはずなのに、口で発**

**散してしまったために何も成し遂げることなく、しがない人生で終わってしまうのである。**

これは決して笑い事ではなく、あなたの周囲を見ていれば一目瞭然《いちもくりょうぜん》のはずだ。

私の親戚を見ていても、ペラペラよくしゃべる連中は揃いも揃ってうだつの上がらない人生で幕を閉じている。

幼少の頃からそうした大人たちを見て、「人はペラペラしゃべってはいけない」と反面教師にしたものである。

**私の身内以外でも周囲を見ていると、ペラペラよく話す連中はいつも群れて騒いで噂話に明け暮れて、そのうち癌で一人抜け、二人抜け、最終的には孤立無援になってご臨終である。**

**寡黙《かもく》なエリートたちは孤高に生き、凛々《りり》しい人生を送っている。**

以上はまるで作り話のようだが、私は現実をそのまま述べている。

ペラペラよく話す典型が、言い訳の多い人間だろう。

誰だって失敗すれば自己防衛のために言い訳をしたくなる。

それは本能だから仕方がない。

だがその言い訳を飲み込んで行動に移し、結果を出すとまるで別人のように評価される。

もしこれを人生のどこかで一度でも経験すると、もう言い訳するのはバカらしくてできなくなるはずだ。

言い訳を飲み込まないと損だからである。

**仮に言い訳をしてから成功しても、言い訳をしていた痕跡《こんせき》は消えない。言い訳をせずに挑めば、仮に失敗しても評価を下げることはない。**

人生とはそういうものであり、それにいつ気づき、行動に移し、さらに習慣化できるかで果てしない差がつくのである。

私がこれに気づいたのは中学時代だったと記憶しているが、同じことをやっても言い訳をしないだけで様々なチャンスを得られたと思っている。

同じ実力でも言い訳をする人間としない人間がいれば、必ず言い訳をしない人間のほうが好印象を持たれるから言い訳をするのは自殺行為なのだ。

ちなみに本当に言い訳が必要な時もあるから、その際は注意が必要だ。

誤解が噂で広まって、それが真実として認知されてしまうことは意外に多い。

その際にはしかるべき権力者にきちんと伝えるか、口の軽い連中に真実を話してあちこちに運ばせることだ。

自分で張り叫ぶと本当のことを言っていても嘘だと思われてしまうから、その辺りは映画やアニメを参考にして上手な根回しをしたほうがいいだろう。

私の好きな『ゴルゴ13』には、そうしたヒントが満載である。

**主人公のデューク東郷は文字通りプロフェッショナルの極致だが、口数は少ない。**

冗談ではなく、彼こそが日々のチャンスを活かす最高の模範だと私は確信している。

10

人生を大きく切り拓くチャンスに気がつく生き方

## 言い訳が多い人は評価されず、チャンスを掴むことはできない。

# 11 好奇心と日々のチャンスを引き寄せる確率は比例する。

自分に情報が集まってこない。
だからチャンスがめぐってこない。
そう悩んでいるあなたに不足しているのは
好奇心——つまり、知識だ。

これはインターネット以外でも当てはまるが、情報収集能力はその人の好奇心に比例する。
好奇心がない人には情報は集まらないし、好奇心が旺盛な人には情報が放っておいても集まってくる。

たとえば誰でも検索エンジンにキーワードを入力することはできるが、どんなキーワードで検索するかによってアクセスできる情報がまるで変わってくる。

**本当に好きだということは上質な情報に辿《たど》り着くためのキーワードがわかるということであり、それほど好きではないということはショボいキーワードしか入力できないということである。**

哲学に興味のある人ならわかると思うが、ニーチェ、アドラーに続き、次はハイデガーのブームが到来するのではないかと噂されることがしばしばあるだろう。

このハイデガーについて調べる際に、「ハンナ・アーレント」「黒ノート」と入力できるかどうかで引き出せる情報がまるで違ってくる。

**つまり好奇心とは知識であり、知識がなければいくら情報技術に頼ったとしても引き寄せるチャンスに限りがあるというわけだ。**

それだけではない。あなたに知識があれば同じく知識のある人がリアルでもネットでも集まってきて、さらなる質の高いチャンスがゲットできるというわけだ。

**私自身の経験でも本を出版して一番驚いたのは、様々な分野のプロたちから情報が殺到したことである。**

さらに本を出し続けるうちにプロたちのレベルも向上し、地区大会優勝レベルから国体レベルへ、国体レベルからオリンピック出場レベルへ、オリンピック出場レベルから金メダリストレベルへと底上げされ続けている。

数年前からスタートしたＰＤＦダウンロードサービスと音声ダウンロードサービスにより、さらにその客層とレベルがアップし続けて、お客様の実名を出せないレベルにまでなってしまった。

賢明なあなたはすでにお気づきのように、私が惜しみなく情報を発信し続けているからこそ、それらをゲットした人々が悩み事や相談と一緒に私の知らない情報を運び続けてくれるのである。

本当にこうしたコンテンツビジネスをやってよかったと心底思っているし、こうしたビジネスができている自分が授かった能力にいくら感謝してもし切れないくらいだ。

翻《ひるが》って、あなたはどうだろうか。

あなたにはあなたの才能があり、あなたの勝負の土俵があるはずだ。

その土俵で日々のチャンスを活かしたければ、好奇心を旺盛にしておくに限る。

とは言っても好奇心を旺盛に保つには根性論や気合いはいっさい不要だ。

**好奇心を旺盛にする唯一の方法は、恋をすることである。**

**好きな人を驚かせてやりたい、もっと幸せにしてあげたいという想いが好奇心を旺盛にするのだ。**

さらに一つの分野を深く掘り下げようと思うのなら、広く学ぶ必要がある。

砂場で深い穴を掘る時に広く掘るように。

## 11

人生を大きく切り拓くチャンスに気がつく生き方

## 情報通になるには好奇心が必要。そのためには恋と幅広い知識だ。

# 12

# 一日に一度、自分らしくないことをやってみる。

チャンスが回ってこないのは、常に自分の幅を広げようとする努力を怠っているからだ。自分の幅を広げるために、誰にでもできる方法を教えよう。

日々のチャンスを貪欲にゲットしたければ、自分の幅を広げておくことだ。**自分の幅を広げておけば、これまでにゲットできなかった情報が集まってくる。**

**もちろん情報にはチャンスも含まれている。**

ではどうすれば自分の幅を広げられるのか。

それは一日に一度でいいから、自分らしくないことをやってみることだ。

これまでの自分なら絶対にやらなかったことをやってみよう。

どんな些細なことでもいい。

たとえば集団ランチから脱出して独りランチをしてみるのもいいし、社内の自販機でいつも買っているコーヒーとは別のドリンクにしてみるのもいいだろう。

休日に行きつけのカフェを変えてみるのもいいし、これまでならあり得ない作家の本を読んでみるのもいい。

**もちろん「これは外れだった」と感じることも多いだろうが、なかには「こんな幸せを今まで知らなかったなんて……」と驚かされることだってあるはずだ。**

私がよくやるのは、これまでだったらあり得なかった本を必ず毎年何度か購入してみることだ。

ここ数年で衝撃を受けたのは、いわゆるエロ漫画を購入してみたことである。

きっかけは、私の読者にその分野の人気作家がいて、好奇心が芽生えてきたからである。

まず驚いたのは電子書籍も含めれば作家の数が凄まじく、ビジネス書よりも遥かに熾烈《しれつ》な競争を繰り広げているのではないか、という事実だった。

特に感銘を受けたのは、実際に起きた事件をモチーフにして、深刻なストーリーを描いた作品である。

物語にのめり込むのはもちろん、超リアリティのある描写は実際に目の前に生の人間を置いて描いたのではないかと思わせる迫力だった。

一流の文筆家なら誰もが独特の世界観を醸《かも》し出せるように、一流のエロ漫画も独特の世界観を醸し出していた。

もはやエロを忘れて、その世界に入り込んで戻って来られなくなるのではないかというくらいに。

この調子で今でも一日に一度は自分らしくないことをあえて積極的にやっているが、これが自分の発想を常に広げ続けていると思っている。

人は放っておくとすぐにルーティーンになってしまい、それはそれで仕事としては必要かもしれないが、いずれ飽きてしまい劣化していく。

**老舗《しにせ》の味が「変わらない」のは、変わらないように見せているだけであり、実は無限の創意工夫で進化し続けているのだ。**

それと同じでルーティーンだらけになってしまったら、自分だけではなく、それより先にお客様に飽きられてしまう。

**プロであるということは、お客様よりも先に自分が飽きるということである。**

**お客様に先に飽きられているようでは、もはやプロではない。**

それを防ぐためには一日に一度、自分らしくない、これまでの自分なら絶対にやらない、他人から見たらバカバカしいほどに些細なことに挑んでアンチエイジングを習慣にしたい。

## 12

人生を大きく切り拓くチャンスに気がつく生き方

## 成長し続けるために一日に一度、自分らしくないことをしてみよう。

# 13 組織で生きるなら、どんなに嫌いな人にも会釈はしておく。

能力があっても他人に足を引っ張られてチャンスを失い、出世ができない人は多い。
そうならないためにはどうすればいいのか?
そのコツを伝授しよう。

あなたが世界レベルで天才的な才能を発揮する芸術家であれば話は別だが、組織で生きるサラリーマンや何とか食べていけるフリーランサーであれば、どんなに嫌いな人であっても露骨に嫌わないことが大切だと思う。
これは精神論ではなく、テクニックとして述べているのだ。

**なぜなら特に組織で生きる場合は、あの手この手で陰湿に空気の如《ごと》く足を引っ張られまくるからである。**

私は最初からサラリーマン人生を全《まっと》うするつもりは毛頭なく、組織内の誰かに嫉妬することもなかったし、同時に自分に向けられる嫉妬にも無頓着《むとんちゃく》だった。ところが事あるごとに、周囲の仲間から私に向けられている嫉妬について忠告を受けたものだ。

その時は頭では理解していたが、本気で対策を練ろうとは思っていなかった。

だが今になってふと自分に向けられた嫉妬について思い出し、あの時は足を引っ張られたと、すべてが繋がってくるのだ。

こんなことは私が経営コンサルタントとして顧問先の社員たちと面談をしていた時に何度も目の当たりにしたことなのに、自分事となるといかに鈍感だったと我ながら呆れ返るくらいだ。

換言《かんげん》すれば、他人事だからこそ経営コンサルティングは客観視できて効果を発揮するのである。

**要はすべての組織では嫉妬が渦巻いて完全犯罪の如く足の引っ張り合いが無数に行**

**われているのだから、敵の数は少ないに越したことはないということだ。**

あなたも噂で聞いたり1次情報で目の当たりにしたりしたことがあるかもしれないが、特に大企業のサラリーマン社長というのは同期の中でもパッとしなかった人間がなることが多い。

同期の中でも特にサラブレッドたちはとっくに転職したり起業したりして別の人生を謳歌《おうか》しており、真ん中程度で誰の記憶にも残らなかった層から消去法で社長が選ばれるものである。

**つまり戦略的に敵が少なかった人間が社長になるのではなく、能力的にノーマークだった人物が社長になっているのが実情なのだ。**

点で見ればいくらでも例外はあるが、面で見ればほぼ今述べた通りの冴えない人材が大企業のサラリーマン社長の典型である。

その証拠にサラリーマン社長のことを知る昔の知人たちは、誰もが信じられないという顔をしてやや上から目線で笑いながら驚くはずだ。

あなたにこんな事実を知ってもらうのは、あなたはきっとそうした多くのサラリーマン社長よりは有能であり、嫉妬される可能性が極めて高いと私が確信しているからである。

誰もが社長になりたいわけではないだろうが、少なくともできるだけ出世したほうが幸せになれる可能性は高い。

**これはタブーになるが、組織では出世すれば仕事は減って暇になるのに「お忙しい」と勘違いされて、おまけに給料もどんどん増える。**

大嫌いな人にも会釈を欠かさないだけで人生は変わる。

13

人生を大きく切り拓くチャンスに気がつく生き方

## どんなに嫌いな人にも人前ではそんな態度は見せてはいけない。

# 14

# 一瞬のひらめきを確実に残すことを習慣にする。

「あの時、いいことを思いついたんだけどなぁ……」

そう思っても思い出せない。

たびたびそういったことがあるあなたは、せっかくのひらめき＝チャンスを台無しにしている。


私の人生を確実に変えた習慣は、ひらめきをその都度きちんと残すことである。

昔は手帳だったが、今はメモと音声になった。

人によってはスマホやパソコンでもいいと思うが、常に身近に置いて一瞬のひらめきを逃さないようにしたい。

世界レベルの小説家は、いちいちメモをしないといけないようなアイデアは使えないと述べていたが、彼は細かいメモではなく頭に浮かんだシーンをスケッチとして残すとのことだった。

**人によって特性があるから、あなたも自分なりの勝利のパターンを見つけることが大切だと思う。**

私の場合ひらめきは2秒以内に消えることが多く、51％以上は朝シャワーのシャンプー中に降ってくる。

残りはキッチンや洗面所、お手洗いなどの水回りだろうか。

寝入り端にひらめくこともたまにあるし、起きてからしばらくして連続でひらめいたこともあるが、必ずひらめきが消える前にメモに残せる仕組みを構築している。

**ひらめきやすい場所のあちこちにペンとメモが転がっているのだ。**

さらに、それらについて短時間で自分なりに語って音声に残しておくことで数多の整理もできて、記憶に定着しやすいようにしている。

日によって差はあるものの、平均すると毎日3～5個くらいのひらめきを残している。

この習慣にして素晴らしい人生になったと感じるのは、これらのひらめきがすべてビジネスに繋がっているという事実である。

私はアウトプットしながらコンテンツビジネスを成り立たせているわけだが、これまでにネタ切れになったことは一度もない。

それどころかネタの備蓄《びちく》が増える一方であり、だからこそコンテンツビジネスに向いているのではないかと思っている。

**ひらめきを残すと誰もが気づかされることだが、ますますひらめくようになるのだ。**

アイデアがアイデアを生むとはよく言ったもので、ひらめきを残す習慣にしたからこそ、ひらめきがひらめきを生み続けるのである。

たまに、というか、しょっちゅうあるのは、「あれ、これは以前にも同じことをメモしたな」ということであり、人は何度も同じことを考えているということがわかる。

この場合は別の切り口でメモや音声を吹き込んでみる。

野球ではなくサッカーで語ってみたり、音楽ではなく絵画で語ってみたり、というように。

そうすると最初は同じことをひらめいたと思っても、別のひらめきへと進化する。

私の場合は損害保険業界、経営コンサルティング業界、出版業界に深くかかわってきたし、経営コンサルタント時代にはほぼすべての業種業界と関わってきたため、同じひらめきを様々な分野に活かすことができる。

**要はどんな些細なひらめきでもいいからバカにせずに毎日残すことで頭は良くなるし、日々のチャンスを漏れなく活かすことができるから、とてもお得な人生にしやすいのだ。**

14

人生を大きく切り拓くチャンスに気がつく生き方

## お得な人生を生きるためには日々のひらめきを残す習慣を持つ。

# 15 あらゆる言い訳を乗り越えて、良質な睡眠を確保する。

努力家のあなたは、睡眠を削って
頑張ってはいないだろうか？
しかしながら睡眠不足は、結局はあなたの努力を
意味のないものにしてしまうだろう。

かねてから私は睡眠の重要性を発信し続けているが、その理由は長期的な成功者で睡眠を疎《おろそ》かにしていた人はこれまでに一人もいなかったからである。

**こうして本を書くからには真実をお伝えしなければならないが、睡眠を削りながら猛烈に働いていたエグゼクティブたちの急逝率《きゅうせいりつ》は高かったし、人生崩壊率はもっと高**

**かったと言わざるを得ない。**

私も体力に任せて猛烈《もうれつ》に頑張りたいタイプだから、この事実に直面した時には受容するのに時間を要したが、あらゆる言い訳を乗り越えて良質な睡眠を確保することにした。

ここで注意してもらいたいのは、「あらゆる言い訳を乗り越えて」という部分である。会社に遅刻するからという理由で睡眠を削るということもしない。大切な仕事があるからという理由で無理をして早起きするということもしない。それなら遅刻しないようにさっさと布団に入るようにすればいいだけである。

すでにそういう人も増えているが、フリーランサーのように自由に生きられる人であれば、自分の睡眠時間を確保した上で面談は夕方以降にしかしない、などと決めてそれを死守するのも一つの方法だろう。

**私の場合はサラリーマン時代の途中から目覚まし時計を捨ててしまった。**

もちろん今でも、それは変わらない。

眠くなったら寝て、「もうこれ以上眠れない」というくらいに寝切ったら起きるだけだ。

それが人生のスタンダードになっているから、常に身体も精神もフレッシュな状態で生きていられる。

すでにお気づきのように、この状態こそが日々のチャンスを掴むためには絶対に欠かせないのである。

**チャンスを掴むのに最大の敵は、健康状態が悪いことである。**

病気がその代表だが、睡眠不足も最悪だ。

睡眠不足だと頭が働かずにイライラするし、身体機能も低下するから動きも鈍くなる。

こんな状態でチャンスを掴んでも、それを活かせるはずがないではないか。

また睡眠不足の人は人相が悪くなり、嫌われやすい。

嫌われやすいということは、もうそれだけでチャンスが与えられずに運気が急降下する。

反対に毎日良質な睡眠を確保している人は、顔から生命力が漲《みなぎ》っている。

わざわざ大きな声を張り上げてマウンティングをかまさなくても、ただそこにいるだけでオーラが伝わってくるからチャンスを与えられやすくなるのだ。

**私がサラリーマン時代にも睡眠不足っぽい顔をした部下には絶対にチャンスを与えなかったし、私自身が依《え》怙《こ》贔《ひい》屓《き》されながらチャンスを独り占めさせてもらったのは、熟睡して毎日生命力を漲らせていたからだと確信している。**

現在の文筆の世界でも、これは同じだ。

自著数三桁かつ大手書店でネームプレートを入れてもらえるレベルの文筆家が全体の上位何%なのかは知らないが、それを実現させたのは日々の良質な睡眠の確保である。

15

人生を大きく切り拓くチャンスに気がつく生き方

## よく寝て健康状態を常に万全に保ち、チャンスに備える。

# 16 あらゆる言い訳を乗り越えて、毎日適度な運動をする。

チャンスを掴むためには体力が必要だ。

だからといってむやみやたらに運動をすればいいというわけではない。

成功するための体力のつけ方を教えよう。


あなたは一流と超一流の違いは何かをご存知だろうか。

才能の違いは、もちろんある。

しかし、これまで私が出逢ってきたエグゼクティブたちを虚心坦懐に観察してきた結果、それは体力であることが判明した。

**どんなに才能が溢《あふ》れている人でも、体力のない人はいずれ必ずどこかで伸び悩む。**

やや専門的な話になるが、体力とは筋肉のことであり、筋肉を増やすことが体力をつけることになるのだ。

筋肉はエネルギーの貯蔵庫であると同時に、貴重なエネルギー源でもあるからだ。

これはあなたにボディビルダーのようなマッチョを目指せと言っているのではない。

「あ、この人何か運動していらっしゃるのかな」という程度で十分だ。

「運動していないオヤジだな」と思われない程度でいい。

そのくらいなら誰でもごく短時間、毎日継続できる運動をしていれば到達できるはずだ。

**大切なのは、人は遺伝的に瞬発力系と持久力系が決まっているから、自分がどちらのタイプなのかをこれまでの人生を振り返って運動を選ばなければならないということだ。**

短距離走が得意だった人は瞬発力系、長距離走が得意だった人は持久力系だと考えておけばいい。

瞬発力系の人にオススメなのは筋トレであり、持久力系の人にオススメなのがウォーキングである。

もちろんフットサルやトライアスロンなどに打ち込むのは悪いことではないが、そこまでする時間を確保できないだとか逆に体力を消耗してしまうということもある。

念のため私の周囲では二桁の人が本来の自分に向いていない運動中に急逝されているから、その辺りはご自身で判断してもらいたい。

**あくまでも他の誰かではなく、あなたに合った〝適度な運動〟を選んでもらいたいのだ。**

私自身は物心ついてから自分が瞬発力系であることはわかっていたから、今は室内で筋トレとウォーキングをしている。

筋トレはバーベルを使用せずに自分の体重だけで行い、ウォーキングはワイヤレスヘッドフォンを聴きながら20分程度だろうか。

マッチョになるためではなく、体力を維持するためだから、これでいいのだ。

どの程度の体力かと言えば、抜き打ちでテーマパークに遊びに行き、朝から晩まで歩き回っても、翌日以降いっさい筋肉痛にならない程度だ。

一緒に行った相手は翌日以降筋肉痛で悲鳴を上げているから、これが体力の違いだと私は解釈している。

そう言えば社会人になってから私が打ち解けた全員から必ず言われたことが、「超人的な体力で羨ましい」というひと言だった。

残念ながら私はそこにプライドを持っていなかったためすべて聞き流してしてきたが、今では自分の体力に毎日深く感謝している。

体力がない人から見たら、体力がある人は羨ましくて仕方がないのだ。

**知能と比べて体力は鍛えれば成長しやすい。**

何が何でも、毎日自分に合った運動をしよう。

16

人生を大きく切り拓くチャンスに気がつく生き方

## 自分に合った適度な運動をすることがチャンスをゲットする近道。

チャンスの確率は、
コントロールできる。

# ACTION.3

# 誰にでも毎年、中型チャンスは降ってくる。

# 17 何が何でもリーダーにこだわる必要はない。

あなたはリーダーになろうとし過ぎていないだろうか?
チャンスに恵まれないのは、そんなあなたの意欲を組織は必要としていないからだ。

私はサラリーマン時代に社内外で膨大な数の採用面接に同席していたが、その際にいつも気になったことがある。
それは異口同音に「リーダーシップがあります!」「リーダーになれるよう頑張ります!」と主張する、リーダーに憧れる人ばかりだったということだ。

**組織に限らず世の中というのはリーダーばかりでは成立しないし、むしろリーダーは少数でいい。**

本当に必要な人材とは、リーダーに忠誠を誓い、期待を超える働きをしてくれる人間なのだ。

いっさいの綺麗事を抜きにすれば、これに反論できる人類はいないはずだ。

それなのに、どの角度から見てもリーダーの素養がない人間が「リーダー」という言葉を連呼するのを見ていると、逆にこちらが恥ずかしくなってしまうくらいだった。

**私が積極的に採用してきたのは、「リーダーの補佐役ができます」と素直に認めてくれる人材だった。**

「野球部やサッカー部で全国に大会出場しました！」という輩よりも、「野球部やサッカー部のマネージャーを10年やってきました！」という人材のほうが遥かに重宝する。

私が管理職に就《つ》いていた頃も、喉から手が出るほど欲しい人材はハイスペックな人材ではなく、私の代わりに面倒なことを全部やってくれる人材だった。

**建前では誰もが「優秀な人材が欲しい」と嘘をつくが、本音では「自分を楽にさせてくれて、おまけに自分の出世の役に立つ人材が欲しい」というのが正解である。**

これに反論できるサラリーマンは、この世に存在しないはずだ。

サラリーマンを全うするのであれば、それが正解である。

そう考えると何が何でもリーダーにこだわる必要はないし、むしろリーダーに向いていないことを自認しており、素直そうに見える人間のほうが依怙贔屓してもらえるのだ。

つまり、チャンスを与えられやすいということに他ならない。

今回初公開だが、私がサラリーマン時代もこれをふんだんに利用させてもらった。

転職の面接では「3年後には独立できるように圧倒的な成果を出します！」と伝え続け、入社後は成績が良過ぎて上司から「役職とボーナスのどちらを取るか？」と迫られた。

大学時代の読書ですべて予習済みだった私は、ここで間髪入れずに「ボーナスを取ります！」と即答し、その半年後には出世も手に入れた。

私よりも入社が何年も先の社員たちよりも入社間《ま》もない私が先に出世すると、いくら経営コンサルティング会社とはいえ、さすがに秩序を乱すからだ。

**さらに特別サービスでお伝えしておくと、上司というのは自分が超えられたことに**

気づかないくらい鈍感なのに、役に立つ有能な人材を、身近に一人はキープしておきたいものなのだ。

私はこれを利用して依怙贔屓されまくり、チャンスを独り占めさせてもらった。

## 17

人生を大きく切り拓くチャンスに気がつく生き方

# リーダーにこだわる必要はない。組織が必要とする人になるべきだ。

# 18 逆境のほうが実力を発揮しやすい。

「ピンチはチャンス」と言うが、
それはどうしてなのか？
どうすれば、逆境でみんなに実力を示すことが
できるのか？　そのコツを解説しよう。

世の中が不況になると、不況のせいにする輩は多い。

**十数年前にリーマンショックがあったが、当時私が地方出張の際に立ち寄った田舎のラーメン屋が「リーマンショックの影響で売上が下がった……」と深刻な顔をしていて、真正のバカだなと思った。**

1930年代の世界恐慌も同じだが、不況になっても業績のいい会社や儲かり続ける人はいるのだ。

私が新卒で入社した損害保険会社もその一つで、バブル期に浮かれて不動産を買い占めたり投資に明け暮れたりしなかったため、ほぼ無傷でバブル崩壊を乗り切っていた。

だから入社を決めたわけではないが、そういう体質の会社で働く人々と同じ空間で呼吸できたことは、私にとって有益だったに違いないと感謝している。

**なぜなら、逆境を乗り越える人こそが真の成功者だと大学時代の読書を通して徹底的に予習していたからである。**

学生時代もこれは同じで、平均点が低い数学や物理の試験だからこそ、高得点を獲得することに価値があるわけだ。

その他大勢の羊の群れと同じ低得点では、冒頭で述べた田舎のラーメン屋と同じになってしまう。

私は物心ついた頃から逆境になるとやる気が漲ってきたが、その理由は簡単である。

**逆境でもふて腐れずに挑戦すれば、たとえ失敗したとしても許されるし、間違って**

**成功しようものなら英雄扱いされるからである。**

あくまでも私個人の人生だが、逆境で挑戦した場合の失敗：成功＝9：1くらいである。

これが毎年となれば1年で1回、10年で10回、20年で20回も英雄体験ができるわけだ。

さすがに人生で1回限りの英雄体験ではラッキーだと見下されることもあるが、10回や20回も英雄になればそれが自分のスタンダードとなり、ブランドになる。

そう考えると逆境はウエルカムだし、逆境こそがあなたの力の見せどころだとわかるだろう。

これは真面目な話だが、今でも世の中が不況というニュースが流れると私は小躍りしているくらいだ。

なぜなら挑戦し放題だし、10％の確率で成功体験まで獲得できるからである。

先ほどの学生時代の話で言えば、数学や物理が得意な人は問題の難易度が高ければ高いほど狂喜するはずだ。

**換言すれば、逆境になるとあなたの力が発揮できる土俵で生きなければ人生は損を**

**するということである。**

逆境になって力を発揮できるには、少なくともあなたがその土俵で楽勝できること が条件となる。

楽勝できない土俵で戦うのは最初から負け戦に寿命を費やしていることになり、寿命の無駄遣いである。

即ち、土俵選びからすでにこの世のサバイバルゲームは始まっており、土俵選びを誤ったら人生は地獄になるというわけだ。

私にしても歌手やマラソン選手を目指すということは絶対にない。

それは勝てない土俵だと熟知しているからである。

逆境で頭角を現せる土俵を選ぼう。

## 18

人生を大きく切り拓くチャンスに気がつく生き方

# 逆境で成功するには自分の力を最大限に発揮できる場所にいること。

## 19

# すべてにおいて前倒しを習慣にする。

チャンスに備えるために
仕事はすべて前倒しで行う必要がある。
そのためにはどうすればいいのか?
そのテクニックをお話ししよう。

すでに触れたが、降ってきたチャンスを活かしたければ暇でなければならない。

**超多忙ではチャンスは降ってこないし、たとえ降ってきても気がつかないからだ。**

暇を作りたければ前倒しを習慣にするしかない。

前倒しをすることで「今やらなければならない」仕事がなくなると、暇になる。

これが暇の作り方である。

仕事だけではなくプライベートでもこれを習慣化することで、無限の時間を生み出せるし無限のチャンスを活かすことができるようになる。

**私がサラリーマン時代には年内の予算は前年に裏で達成しており、演技で深刻な顔をしながらそれを小出しにして優雅な人生を送らせてもらった。**

つまりその年のスタートにはすでに予算が達成されている状態だった。

スタートと同時にゴールして、コーヒーを飲んでいるイメージだ。

大袈裟ではなくこれはすべて真実であり、私と一緒に仕事をしたメンバーであれば全員知っている。

もちろん現在もそれは同じであり、こうした出版依頼以外の仕事は翌年分、場合によってはさらに前倒しで終わらせているので、突発的な仕事でも余裕をもってこなすことができるというわけだ。

こういう話をすると、仕事のできない輩はすぐに嫉妬に狂って興奮し始めるが、仕事のできる人にとってはごく当たり前の話であり、退屈極まりないだろう。

そういう当たり前の基準の違いが、この人間社会の序列を日々着々と作り上げているのだろう。

すべてにおいて前倒し人生にすると人生が大きく変わることは理解してもらえたと思うが、では具体的にどうすればいいのか。

**それは今取り組んでいる、まさにその仕事からスピードアップさせることだ。**

スピードアップさせると時間が生まれるから、そこに次にやる予定だった仕事を入れるのである。

それが終われば翌日の仕事を入れて片づける。

この繰り返しで1カ月分、1年分を前倒しにした頃には、もはや誰に言われるまでもなく勝手に前倒ししているだろう。

前倒し人生の虜《とりこ》になっているはずだ。

松下幸之助もジェフ・ベゾスもイーロン・マスクも、前倒ししまくった結果として世界的な成功者になったのである。

赤川次郎もピカソも、前倒ししまくった結果として桁違いの作品を世に送り出したのである。

どうかあなたも、この水準の価値観で生きてもらいたい。

そして前倒しできない相手とは絶縁しよう。

**前倒し人生を謳歌すればあなたも100％理解できることだが、前倒ししない連中を生理的に受けつけられなくなる。**

前倒しどころか後倒ししてあなたの時間を奪う輩もいて、殺意を抱くに違いない。

だが、その感情は正しいのだ。

なぜなら前倒し人生のグループにとって後倒し人生のグループは、他人の寿命を悪気なく奪い続ける殺人集団と同類だからである。

前倒し人生のグループに入ると、人生すべてが正のスパイラルになる。

19

人生を大きく切り拓くチャンスに気がつく生き方

## 前倒しのためにスピードアップし、仕事の遅い相手とは絶縁する。

# 20

# 陰口を言わないだけで、出世の可能性は桁違いに高まる。

陰口を言う人間は絶対に出世できない。
それはなぜなのか?
今回はそのことについて
わかりやすく解説しよう。

特にサラリーマン人生を全うしたい人は必読だが、陰口を言わないというポリシーを貫くだけであなたの出世の可能性は桁違いに高まる。

**反対にどんなに有能でもどんなに高学歴でも、陰口が好きな人は絶対に出世できない。**

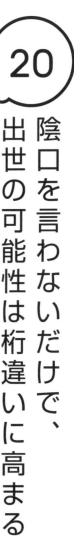

以上はすべて初歩的な話であり、誰でも一度ならず耳にしたことはあるだろう。

だが単に知っているのと習慣化しているのとでは、人生はまるで違ってくる。

いかなる理由があろうとも陰口を言わないという習慣にすることで、それ自体が実力になるわけだ。


**陰口を言わないだけで仕事がまるでできない人間と、仕事が抜群にできるけど陰口を言いまくっている人間とでは、組織では前者のほうが出世する可能性が確実に高くなる。**


それどころか後者の人間は、完膚なきまで叩きのめされて干されるのは必至である。

だから自分が無能だと自認している人にまずできることは、陰口を言わないことである。


ここだけの話、無能な人間がそれ以外にできることなど何もない。

これまで1万人以上のビジネスパーソンたちと対話を繰り返してきた結果わかったことは、無能で陰口を言わない人間は最低でも係長、普通は課長か部長などの管理職、上手く行けば取締役に入れてもらえるということだ。

私が勤めていた組織の例外中の例外の一人を除き、さすがに本当に無能な人間が社長になれた例はなかったが、それでも本来万年平社員であるべき能力だったのに、役職をつけてもらえるというだけで大成功だったと思う。

**換言すれば、無能ですら陰口を言わないだけでここまで成功できるのだから、有能で陰口を言わなければもっと出世できる可能性が高まるのは間違いない。**

これも語り尽くされたことだが、陰口というのは必ず本人の耳に入る。

なぜなら組織には一定の割合で「陰口の運び屋」が棲息《せいそく》しており、彼ら彼女らは毎日誰が誰の陰口を言っていたのかをせっせと運び続けているからである。

しかも陰口の運び屋は悪意を込め、話に尾ひれをつけて陰口を運ぶものだ。

これは反対に考えると、あなたは陰口を言っている本人よりも陰口を運んできた人間こそ信用してはならないということである。

そういう陰口の運び屋は、この世から絶対にいなくならない。

**だからあなたは陰口の運び屋と関わらないのはもちろんのこと、陰口を言わないことで接点すら持つべきではないのだ。**

ちなみに私は経営コンサルタント時代に顧問先で陰口の運び屋を発見するや否や社長に報告し、ありとあらゆる理由をこじつけて解雇し続けてきた。

プロジェクト開始前に社長に根回しして手を組んでいたのだ。

何も知らない輩がプロジェクト期間中に、「千田さんがこんなことを言っていました よ！」と社長に密告することもあったが、社長は嬉々として秒速で解雇していた。

あなたも陰口人生とは絶縁しよう。

20

人生を大きく切り拓くチャンスに気がつく生き方

## 陰口を言わないことを習慣にすると実力以上に成功する。

# 21 口の軽い人の前では誰かを褒めて、せっせと運んでもらう。

陰口を言う人間とは付き合わないのが原則。
しかし彼らを上手に利用する方法もある。
陰口の運び屋には付き合い方があり、うまく付き合うとあなたの成功に結びつく。

すでに述べた組織の諸悪の根源「陰口の運び屋」を上手に利用する手もある。
**彼ら彼女らはとにかく口が軽いのが特徴で、黙っていられないという特性がある。**
**概《がい》して知能は低く、上手におだてるといい情報も運んでくれる。**
たとえばあなたが誰かのことを褒めていると、それを大袈裟に伝えてくれるのだ。

今だから正直に告白するが、私がサラリーマン時代にはこれを存分に利用させてもらい、桁違いのチャンスをゲットし続けることに成功した。

**何を隠そう、勤務先で私が真っ先に探したのはこの運び屋であり、彼ら彼女らの前ではチャンスを与えてくれる決定権者のことを徹底的に褒めちぎったものだ。**

すると案の定、翌日までには運び屋たちはその決定権者に報告しており、私にチャンスが降ってくる環境を無料で構築してくれたというわけである。

「バカとハサミは使いよう」とはよく言ったもので、本当によくぞ働いてくれたと遅《おく》ればせながら運び屋たちにはここでお礼を述べておきたい。

きっと本書を読むことは永遠にないだろうが。

あなたも口の軽い輩がいたら上手に利用するべきである。

**口の軽い人間はあなたを幸せにするためにこの世に生まれてきたのだから、あなたに利用されてナンボなのだ。**

「うわっ、こいつ口が軽いな」と直感したら、露骨に嫌うのではなく利用するのだ。

いくら隠れて善行を積んでいても本当に誰にも知られなければ、その人はただの人で終わってしまう。

だが口の軽い人にその姿を見せておけば、無料であちこちに拡散してくれるからあなたの評価は上がる。

**自分で「こんなに善行を積んでいますよ！」とアピールするのはバカのすることだが、他人にそれをバラされるのはあなたの格を上げることになる。**

この塩梅《あんばい》が非常に大切であり、世の中の大半は人知れず善行を積んで跡形もなく消えていく凡人と、自分の善行を自分で喚き散らして軽蔑される凡人で溢れ返っている。

美談としては前者が美しいとされるが、やはり奇跡的に授かった命であれば世間から評価されるに越したことはないと考えるのが人情というものだ。

私はそういう人が好きである。

私の場合はサラリーマン人生を執筆のためのネタ作りだと割り切っていたため、陰口の運び屋ともゲーム感覚で付き合うことができたが、あなたにはそこまでの覚悟とゆとりはないかもしれない。

だが本質は何も変わらない。

どうせ陰口の運び屋が人間社会からいなくならないのなら、敵に回すよりも道具として使い倒したほうがいいではないか。

私のサラリーマン時代に道具として使い倒した運び屋たちとは、もちろん今では何の付き合いもない。

食品にも賞味期限があるように、人間関係にも賞味期限があるのだ。

独立してからも複数の陰口の運び屋と遭遇したが、一人残らず利用させてもらった。

## 21

人生を大きく切り拓くチャンスに気がつく生き方

# 「陰口の運び屋」にはあなたが他人を褒めていることを伝えてもらう。

# 22 感謝はお中元やお歳暮ではなく、いい仕事でするものだ。

上司や取引先にお中元やお歳暮を贈るのは、相手が真に一流の場合、実は迷惑な行為。長期的な成功者からは嫌われる姑息な手段だ。では、どうするのがいいのか?

私が転職先の上司との出逢いが今でも奇跡的だったと感謝しているのは、感謝の表現方法の価値観が一致していたからである。

**今回初めて公開するが、これまでの人生で私はお中元もお歳暮も一度も贈ったことがない。もらった経験はあるが、お返ししたことはない。**

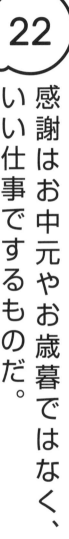

人によっては信じられないと思うかもしれないが、お中元やお歳暮とは無縁の人生は本当に素敵である。

これまた衝撃的な事実をお伝えするが、経済紙に何度も顔が掲載されたことのあるような複数の上場企業の経営者たちは、彼らの夫人がお中元とお歳暮の処分をするのが大変だと愚痴っていた。

お中元とお歳暮を置くための部屋が一室必要であり、シーズンが過ぎたらまとめて処分するのである。

もちろん、ご近所様や会社で配りまくっても一向に減らない量だ。

**身近にいた一代で東証一部上場企業を築いたオーナーに至っては、講演で「お中元やお歳暮を贈ってくる人とは縁を切る」とまで言っていた。**

そのくらいお中元とお歳暮は長期的な成功者にとって迷惑なのだ。

**中途半端なサラリーマンや中小企業のオヤジたちにとっては、お中元やお歳暮の数がアイデンティティになるかもしれないが、それでは永遠に本物の成功者にはなれないだろう。**

冒頭で述べた私の上司もお中元やお歳暮が大嫌いな人であり、私の隣で仕事をしていた先輩社員が仕事はできないのにお中元やお歳暮を贈り続けてますます嫌われていたものだ。

なぜその上司がお中元やお歳暮が嫌いなのかを語り合ったこともあるが、仕事の成功は最低でも数百万や数千万、場合によっては数億以上になるが、お中元やお歳暮は数千円で済ませられるから姑息《こそく》で卑劣だとのことだった。

自分の無能さを、たかが数千円で挽回できると考えている、その卑しい思考が気持ち悪いのだと。

建前や美辞麗句《びじれいく》に慣れ切った人はこういう一流の考えに触れるとドン引きするかもしれないが、だからこそ長期的な成功者にはなれないのである。

**長期的な成功者たちは何が本当に大変で価値があることなのかを完璧に把握しており、それ以外のおざなりの偽物でお茶を濁されるのに嫌悪感を抱くのである。**

お中元やお歳暮が必要だと洗脳しているのは、お中元やお歳暮で暴利を貪っている連中のみである。

そういう連中にせっせと課金したいという人は別だが、長期的な成功者に嫌われるような習慣からは卒業すべきである。

22

人生を大きく切り拓くチャンスに気がつく生き方

# 感謝は数千円の贈り物でなく多くの利益をもたらす仕事で返す。

感謝というのは仕事で返すものであり、数千円のせこいお中元やお歳暮で誤魔化すものではない。

私自身が幼少の頃から薄々大人の世界を見ていてずっと不快に思っていたことが、社会人になって分かち合えたことが嬉しかった。

しかも分かち合えた相手はすべて一流かつ長期的な成功者ばかりで勇気づけられると同時に、やはり自分は間違っていなかったと自信を持てた。

# 23 オファーがあったら、とりあえずやってみる。

プライドが高いだけで実力も経験もない30代や40代の人間を見たことがあるだろう。プライドの高い落ちこぼれは組織にとってはただの癌細胞にすぎない。あなたは決してそんな存在になってはいけない。

これは特に20代の人に向けてお伝えしたいのだが、オファーがあったら断らないことだ。

**周囲を巻き込んで手伝ってもらいながらでもいいから、やり遂げてみることだ。**

私は経営コンサルティング会社に転職して3カ月目で、某老舗石鹸メーカーのプロジェクトを受注してしまったことがある。

「受注してしまった」というのは、まだ何もできないのに社長から直々「あなたが気に入った。お任せしたい」と契約書を交わしたということだ。

もちろん右も左もわからなかった私は、上司や周囲に助けてもらった。

だが、この時の経験に経営コンサルティングのすべてが詰まっていた。

中型プロジェクトだったが、ここにすべての初歩と基礎が含まれており、それ以降の仕事でどれだけ支えられたことか。

**これを機に私はありとあらゆる仕事を受注しまくって、5年目や6年目には全経営コンサルタントの中で上位2％の業績を叩き出し、リピートと紹介が途切れなくなった。**

受注が多過ぎてつい独立が数年遅れてしまったくらいだ。

念願の出版のきっかけを作ってから独立までのラスト2年間は、リピートは引き受けたが紹介はあらゆる理由をつけて断った。

独立後の出版でもこれは同じで、とにかく10万部のベストセラーを出して業界に狼《のろ》煙《し》を上げるまでは、オファーを引き受け続けたものだ。

**なかには「あの出版社から出すと格が下がりますよ」というアドバイスをくれる人もいたが、一発当たるまではそんなことを言っていられないと思った。**

その結果、8冊目で4万部を超えるプチヒットを出せ、14冊目で20万部を超えるベストセラーを出せた。

もちろんすべてのオファーを引き受けていたら、なかには本当に悪徳業者もいるから注意が必要だ。

しかし現在はインターネットで検索すれば瞬時に情報が得られるし、情報が得られないようなら取引しなければいい。

しかるべき人や会社と取引している相手ならば、もしそれが捏造《ねつぞう》ではなければだが、受けてもいいのではないだろうか。

サラリーマンであれば最悪でも会社が責任を取ってくれるし、上司や先輩社員が手伝ってくれるだろうから恐れる必要は何もないと思う。

**駆け出しの頃から仕事の選《え》り好みをしていた連中は、揃いも揃って30代以降は悲惨な人生を歩んでいる。**

これは間違いない。

なぜなら初歩と基礎が習得できておらず、30代になるとプライドが高くなって周囲の意見に耳を貸さなくなってくるからだ。

文字通り「プライドの高い落ちこぼれ」となって、組織の癌細胞となるのだ。

私はこのプライドの高い落ちこぼれが大嫌いで、サラリーマン時代に部下にこういう連中がいた時には完全に放置プレイを決め込んでいた。

いっさいの仕事を与えず、間接的に雑用だけを押し付けて異動させていた。

我ながらよくやったと褒めてやりたい。

23

人生を大きく切り拓くチャンスに気がつく生き方

## 駆け出し時代はオファーは断らない。これが実力をつける早道。

# 24 気まぐれハガキの習慣が、毎年幸運を発生させ続けた。

名刺交換した相手にお礼はがきを書くのも効果的だ。インターネットの時代だからこそ、よけいに効果的かもしれない。

それにもコツがある。今回はそのお話をしよう。


今は時代錯誤だと感じる人がいるかもしれないが、私のサラリーマン時代には名刺交換した相手には例外なくお礼ハガキを書いて出し続けていた。

一人の例外もなく、である。

**きっと今のようにインターネット全盛だからこそ、手書きのハガキには希少価値が**

**出て効果的かもしれないからどうか読んでもらいたい。**

手書きのお礼ハガキを出し続けると、必ず一定の割合でそれに感激してくれる人が登場する。

**どんなに少なく見積もっても10％からは返事が届くし、1％とはもう一度会える機会に恵まれる。**

嘘だと思うのなら、一度継続してやってみればいい。

すでに述べたように、私はサラリーマン時代に1万人以上のビジネスパーソンと対話してきたから、最低でも1万枚以上のハガキを出したことになる。

そのなかで1％の出逢いを生み出せたということは、100人ということだ。

この100人と大切に付き合えば、もうお客様に困ることはない。

自分のことを好きになってくれた人の知り合いは、やっぱり自分と気の合う人たちの割合が圧倒的に高いから、紹介も活きてくる。

100人に愛し愛されることによって、すぐにその100人から200人、400人へ……と増えるのが人脈の興味深いところである。

**コツとしては年賀状や暑中見舞いは書かないことだ。**

**それらは社交辞令極まりなく、その他大勢羊の群れコース一直線だからである。**

本物の人脈を築くためには、それは一番愚かな行為であり、「あなたが特別である」ということを伝えなければ無意味なのだ。

私がハガキに書いていた内容は、社交辞令はいっさい排除して太いサインペンで三行程度のメッセージである。相手と私しかわからない内容を真ん中にドカン！と書くだけである。

たとえば「〇〇さん、本日ご紹介いただいた本を早速注文しました。また感想をメールします」といった感じだ。

そうすると相手は必ずニヤッとするし、私のことを嫌いになるはずがない。

投函のタイミングは会ってその日である。

できれば訪問先の最寄りのポストから投函すれば、翌日には相手に届くから記憶にも残りやすい。

もちろんハガキは常に携帯しておくのである。

私のサラリーマン時代には常時50枚のハガキを鞄の中に携帯し、50枚をオフィスの引き出しに常備していた。

**ハガキは必要になってから買いに行くのではない。**

ハガキが常に手元にあるからこそ、書きたくなるのである。

ここを間違えるとハガキを書けなくなるし、継続できなくなるので要注意である。

言うまでもなく、時代に合わせ、手段を変えてメールやSNSでお礼を伝えてもいい。

その場合は何日も経ってからではなく、会った直後や、最低でもその日中にはアクションを起こしたほうが効果的だろう。

同じことをやるにしても、タイミングがズレると感激から落胆に一変するからだ。

24

人生を大きく切り拓くチャンスに気がつく生き方

## 「すぐ」「オリジナルなメッセージで」この二つがお礼はがきのコツ。

日々の習慣が、
翌年のチャンスを決める。

# ACTION.4

# 大型チャンスは、中型と小型チャンスを活かし続けた結果だ。

## 25 企画が通過するか否かは、内容ではなく提案者の信頼で決まる。

企画書を書き続けるだけではチャンスを掴むことはできない。
内容よりも、提案者の信頼が重要なのだ
この事実を知らないとすべてが徒労に終わる。

まともにビジネスをしてきた人であれば、言語化したことがなくても言われてみたらその通りだと思えることがある。
それは、企画というのは内容ではなく提案者の信頼でもう決まっているということだ。

**私が経営コンサルティング会社に勤務していた後半は、一度も自分で企画を書いたことがない。**

**なぜなら顧問先の社長のところに競合のコンサルティング会社から企画書がわんさと届き、社長からそれらをすべて見せてもらって、私がその企画を実行するように依頼されていたからである。**

競合のコンサルティング会社からしてみると、怒り心頭に発するレベルの盗作かもしれないが、お客様から依頼されたのだから仕方がない。

「先日A社のコンサルタントにこんな提案されたんだけどさ、千田君はどう思う？」と聞かれて、「これはボツですね」と答えると、その企画はボツになった。

「じゃあB社のこんな提案はどう？」と聞かれて、「これは面白いですね」と答えると、「じゃあ、それと同じお金を払うから千田君がやってよ」となって受注していた。

私は笑いが止まらないが、私にそのまま仕事を奪われたコンサルティング会社はお気の毒としか言いようがない。

だが長期的な成功者たちは業種業界が違っても、これと同じことをやっているものだ。

**さらに言えば、長期的な成功者は長期的な成功者同士ですでに世界が決まっており、その中でやり取りされているだけなのだ。**

だから先ほどのコンサルティング会社は、永遠にその世界に入れてもらえないということだ。

この事実を知らなければ、どんなに立派な企画書を作成しようが、昔の私のような人間に奪われ続けることになる。

しかも長期的な成功者たちは、それが一点の曇りもなく正しいと思っている。興奮せずに、この事実を受容することからがまずすべてのスタートである。

**ちなみに私はこれまで執筆した原稿がボツになったことは一度もないし、ブログでさえもほぼ書籍化されている。**

デビュー前はボツにされたものも、ベストセラーを出したあとに「こんな原稿もありますが……」と囁くと、奪うようにして各出版社が書籍化したものだ。

現在はボツ原稿がゼロになってしまったから、依頼された原稿をこうして執筆しているわけだ。

私がこれまで文筆家として生きてこられたのは、締切りを死守し続けてきたからである。

出版業界では著者が締切りを守ることはほとんどなく、9割の人があれこれ言い訳をして締切りを破るというのは耳にタコができるくらいに聞いていた。

つまり、締切りを死守するだけで上位1割に入れるというわけだ。

**締切りを死守するのがここまで感謝される業界も少ないから、私でも生きてこられたのだと思う。**

**信頼とは締切りを守ることだ。**

25

人生を大きく切り拓くチャンスに気がつく生き方

## いい企画を考えるだけでなく、信頼をされるための方法を考える。

# 26 一発当てるということは、業界に狼煙を上げるということだ。

成功者になるためにはできるだけ早く、あなたの業界で大きな業績を挙げる必要がある。そのためにはどうすればいいのか？私の経験から話そう。

私が文筆家として生きると決めたのは大学時代だったが、その時に先達の多作家たちを虚心坦懐に観察していて気づかされたことがある。

**それは、できる限り初期の段階でベストセラーを叩き出すということだった。**

当時から出版業界でベストセラーとは10万部のことであり、10万部セラーを出せば主要書店の一等地にズラリと並べられ、著者はテレビやラジオの出演依頼はもちろんのこと、大手新聞社や出版社からの取材も殺到するとわかった。

今のような出版不況なら10万部に届かずとも、5万部でも同じ効果が期待できるかもしれない。

そこで私は大学卒業後にすぐにでも出版したい気持ちを堪《た》え、10年間は生の1次情報のネタ集めに徹しようと決めた。

なぜなら私がマークしていた多作家たちは、平均すると10年くらいの準備期間を設けていたからである。

**もちろん計画的にそうしたとは限らないが、結果として10年くらいはネタ集めになっていたということだ。**

ある人は学生結婚をしてからジャズ喫茶を経営してお客様の愚痴を聴き続けていたと知り、ある人は広告代理店で地獄のサラリーマン人生を経験していたこともわかった。

学歴的には私も似たようなものだったので、あとは社会人経験を積めば一生食べていけるだけの種を身体に沁《し》み込ませることができると考えたわけだ。

結果はビンゴだった。

固執したわけではなかったが、社会人初日から経営者相手の仕事ができる花形部署に配属されたし、転職先ではさらに経営者と高密度な関係を結ぶことができた。

その結果として、トータルで1万人以上のビジネスパーソン、3千人以上のエグゼクティブと対話することができて最高のネタ集めができたというわけだ。

出版デビューして3年半後には、すでに述べたように20万部突破のベストセラーを出すことができた。

直後に最大手新聞社や出版社からの取材があり、テレビ出演やラジオ出演も殺到したが、これで私は業界に狼煙を上げることに成功したわけだ。

実はその前から保険業界でも狼煙を上げることに成功しており、主要業界紙に長期連載を複数持っていた。

これは、私の経営コンサルタントとしての仕事ぶりが評価された結果である。

過半数の保険会社本体から講演依頼を受けたし、代表取締役たちと密室で語り合ったりもした。

翻《ひるが》って、あなたはどうだろうか。

あなたにはあなたの勝負の土俵があるはずだ。

**お笑い芸人も同じで、一発当てるのは一獲千金のためではない。業界に狼煙を上げて「これからよろしく！」と挨拶をするためである。**

業界に狼煙を上げるには大金を払って広告を掲載するだけではダメで、やっぱり本人の実力が不可欠である。

**なぜならすでに述べたように、本物の成功とは継続するものだからである。**

継続するために、どうか一発当ててもらいたい。

26

人生を大きく切り拓くチャンスに気がつく生き方

## できるだけ早い段階で一発当てる。そのためには研究と準備が必要。

# 27

# 大型チャンスが巡ってくるのは、大抵やや実力不足の状態だと知っておく。

大きなチャンスがやってきた。
しかし自分はそれをやり遂げるには
実力不足だとわかっている。
そんな場合どうするべきか?

何でもそうだが、狙っているうちは手に入らない。

執着をすっかり忘れた瞬間、手に入る。

正直なところ、「え、もうちょっと待ってくれよ」と言いたくなると思うが、大型チャンスとはそういうものである。

**自分がイメージしている大型チャンスの受け入れ態勢を100の実力とすれば、70前後の実力で到来するのだ。**

これまでの私の人生でもそうだったし、私が薫陶を受けてきた師たちも異口同音にこれを教えてくれた。

この時に支えてくれるのは、これまで中型や小型チャンスを軽く見ずにちゃんと向き合ってきたという実績である。

入試問題と同じで、初歩と基礎を疎《おろそ》かにしては応用問題を解くことは永遠にできない。

もちろん大型チャンスと中型や小型チャンスとでは、まるで違う。

**率直に申し上げて、中型や小型チャンスの延長線上には、大型チャンスの掴み方は存在しない。**

小型から中型へのステップアップが一段違いだとすれば、中型から大型チャンスへのステップアップは三段以上違う。

だからこそこれを掴み、あなたの人生で活かせばステージが変わるというわけだ。

私もこれまでに何度か人生のステージを変えてきたが、それらすべては数段飛ばしだった。

最初の頃は自分の実力不足を不安に思ったが、次第に長期的な成功者の誰もが経験することであり、大型チャンスが巡ってくるのは大抵実力不足の状態であると相場は決まっていると気づかされるようになった。

**だからこそ日々粛々と成《な》すべきことを成し、大型チャンスが巡ってきても70の実力で迎えようと腹をくくれるようになる。**

知人の通訳の例を挙げると、国連英検やＴＯＥＩＣのスコアが自分の目標に達しないレベルで、いつも重要な仕事が舞い込んでくると言っていた。

しかし普段から成すべきことを成しているので、そうした重要な仕事をこなして修羅場をくぐり抜けながら次々と実力を向上させているのだ。

強調しておくが、あなたにも大型チャンスが巡ってくるのはいつも実力不足の状態である。

そして大型チャンスからは絶対に逃げてはいけない。

大型チャンスが巡ってきたということは、あなたにそれを受ける資格があるということだからだ。

相手もあなたが実力不足であることは百も承知であり、その大型チャンスを踏み台にして次のステージに進んでもらいたいと願っているのである。

大型チャンスを与えてくれた相手に報いるべきなのだ。

**もちろんそれを活かせなければ、あなたには二度と大型チャンスが巡ってこないかもしれない。**

**だが大型チャンスから逃げた者は、もう永遠にその世界では一流にはなれない。**

同じアウトなら、見送りの三振ではなく空振りの三振のほうが人生を生き切ったと言える。

しかもせこい空振りではなく、ド派手な空振りのほうがいい。

少なくともホームランになる可能性はゼロではない。

## 27

人生を大きく切り拓くチャンスに気がつく生き方

# 実力が足りないとわかっていても大型チャンスには挑戦しよう。

# 28 世界を敵に回しても、大型チャンスに飛びつく価値はある。

大きく飛躍できるチャンスがやってきた。
しかしすでに世話になった人と約束した仕事があり、引き受ける余裕がない。
そんなとき、あなたはどうするべきか?

ここでは私の意見というよりは、これまでに出逢った長期的な成功者たちの思考の集大成を披露しておきたい。
きっとあなたの常識を打ち破り、人生の壁を突破するきっかけにはなると思うので虚心坦懐に読み進めてもらいたい。

必ずしもすべてを受容する必要はないし、鵜呑《うの》みにすべきでもない。

**大型チャンスが巡ってきた瞬間というのは、誰に教わるわけでもなく直感でわかるものだ。**

**「あ、これ今までと次元が違うチャンスだ」というように。**

同時にブルブルと震えるほど緊張するし、失敗したらどうしようと不安に襲われる。

**ハッキリ言おう。**

**大型チャンスには、世界を敵に回しても飛びつく価値はある。**

たとえば、あなたにフィアンセがいたとしよう。

結婚式もすでに決まっていたとする。

それでも本命中の本命だとか、自分とは不釣り合いと諦めていた奇跡の出逢いが巡ってきたらどうだろう。

「約束は約束だから」「結婚式のキャンセル料は高いから」といった理由でその出逢いを諦めるのか。

諦めるべきではない。

フィアンセを捨てるべきである。

**場合によっては、いや確実にそうすべきなのだが、仮に結婚式の最中であっても途中で「やっぱりやめます!」と叫んで会場を抜け出すのが長期的な成功者たちの常識である。**

無論、以上は例話だが、これを友情や仕事に置き換えても同じだ。

「約束を覆《くつがえ》すなんて、信じられない!」と怒り心頭に発した人は、絶対に成功できないし、本当の幸せを享受《きょうじゅ》することもないだろう。

厳しいが、それが現実なのだ。

ここでさらにあなたに厳しいことをお伝えするが、世間の常識や道徳というのは極めていい加減だということだけは忘れてもらいたくない。

第二次世界大戦中と現代の我が国の常識や道徳はまるで違う。

80年前の善が現在の悪であり、現在の善が80年前の悪であることはとても多い。

ドイツのナチスだって間違いなくあの時代は国民から支持されていたわけだし、善と考える人が過半数だったのだ。

あなただってあの時代にあの国で生きていたら、大絶賛していた可能性だってある。

日本でも戦時中の幹部や英雄たちが裁判で死刑判決を言い渡されたり、凶悪犯罪者扱いされたりしたのだ。

マスコミが流す日々のニュースに洗脳されて、無意識のうちに「これが善、これが悪」と思い込まされている事実を忘れてはいけない。

大衆が狂喜する大富豪や著名人たちの不倫報道だって、必ずしも悪とは限らないのだ。

自然界の摂理から言えば、一夫多妻制は極めて理に適《かな》っているし、多くの女性にとってはそのほうが幸せだと考えられているというデータもあるのだ。

ちなみに結婚制度は女性のためではなく、モテない男性のために作られた制度だということを知っておくと、見えないものが見えてくる。

**大型チャンスの前では道徳的ではなくても、神様は許してくれるのである。**

28

人生を大きく切り拓くチャンスに気がつく生き方

## どんなに不義理をしても、大型チャンスはしっかりと掴む。

29

# 大型チャンスで認められるのは、純粋に結果のみ。

人生を切り拓くことができる大型チャンスに挑戦し、失敗して破れた。「チャレンジはしたから、ある程度私の実力は示せた」などと自分を慰めたり、言い訳をしたりする人もいる。しかし……。

中型や小型チャンスと大型チャンスが明確に違うのは、結果のみが認められるということだ。

結果以外は、すべてゴミなのである。

それはなぜかと言えば、大型チャンスに関わる人たちがすべて一流だからだ。

二流はいない。

**一流と二流の違いは、結果にコミットメントするか否かである。**

コミットメントとは、結果を出せなければ去るということである。

**結果にコミットメントするのが一流、結果にコミットメントせずに逃げるのが二流だ。**

私のサラリーマン時代は私というよりも、顧問先が私とのコミットメントを果たさなければ、関係を打ち切っていた。

「来月までにやってください」と私から宿題を出して、相手がそれをやっていなかったら問答無用で契約を打ち切ったのだ。

虚偽の情報を流した場合もこれと同じで、例外なくぶった切ってきた。

**それは私が冷酷な人間だからではなく、相手が約束を守れなかったのは私の責任であり、私が私に対してコミットメントを果たさなかったからこそ、私から契約を打ち切ったのである。**

ご理解いただけるだろうか。

プロフェッショナルは常にこの水準で仕事をしているのであり、ナァナァの関係で仕事に関わることは絶対にないのだ。

既出の『ゴルゴ13』を読んでもらえばわかるが、黙って結果を出すのが仕事であり、仕事に誠実な人間は信頼できるのである。

だからこそ、果敢に大型チャンスには立ち向かう価値があるのである。

**最も結果に対して忠実な世界は一般の筆記試験の入試という条件付きで、名門中高一貫校の受験や早慶旧帝大以上の大学受験である。**

指定校推薦や帰国子女枠ではなく、純粋に試験本番の結果だけで合否を決めるというのは本当に清々《すがすが》しいと思う。

社会に出れば決定権者の好悪や理不尽な時の運のようなもので評価が決まるのに、受験に限っては純粋に本人の実力だけで評価をされるからである。

あるいは競泳のように勝敗がハッキリ決まる個人競技も素晴らしい。

いっさい弁解の余地がない勝敗だけの世界を経験しておくのは、人生で極めて貴重な体験である。

なぜ受験エリートやスポーツエリートが仕事でも結果を出しやすいかと言えば、個人の実力に揺るぎない自信を持っており、そのうえで社会での理不尽を受容しているからである。

受験でもスポーツでも結果を出したことのない人間は、個人の実力に自信がなくてグラグラなのだから、卑しく人に頼るしかない。

だから親に頼ったりコネに頼ったりして、周囲からますます見下されるのである。

勘違いしてもらいたくないが、大型チャンスを活かすためにはチームワークも欠かせない。

**だが真のチームワークとは無能な人間同士のもたれ合いではなく、個でも強い人間同士のシナジー（1＋1＞2）なのだ。**

とにかく圧倒的な個の力をつけて、その上でシナジー効果を生もう。

29

人生を大きく切り拓くチャンスに気がつく生き方

## 大型チャンスはプロの集まり。結果がすべてと肝に銘じる

# 30 好きなことで生きたければ、大型チャンスを決めなければならない。

人生を大きく変革するためには、大型チャンスを正面から突破する必要がある。
しかし、その前に、それが大型チャンスだと気がつかなくてはならない。そのポイントについて語ろう。

人は誰でも好きなことを仕事にして生きていきたい。
それが実現できたら毎日が天国であり、最高の人生が送れる。
私自身が30代でそれを実現し、今日まで生きているのだからそれは間違いない。
なぜそんな人生を送ることができたのかと言えば、もちろんこれまでに出逢った長期的な成功者たちから薫陶を受けたからである。

**ただし彼ら彼女らと出逢っても、絶対に外せない試練がある。**

**それは、誰の人生にも一度は巡ってくる大型チャンスを決めなければならないということだ。**

しかもその大型チャンスは、裏で誰かに助けてもらったのでは意味がない。

そんなことをしても長期的な成功者たちは瞬時にその小細工を洞察し、あなたは永久追放されてしまうだろう。

**私は一点の曇りもなく好きな人だけに囲まれて、好きなことだけをしながら人生を謳歌《おうか》できているが、すべてのきっかけは私が大型のチャンスを決めたからである。**

遠慮会釈《えんりょえしゃく》もなく言わせてもらえば、本を執筆するにふさわしい経歴を獲得し、出版のチャンスを掴み、20万部超の作品を出したからこそ、今好き放題の人生を歩めているのだ。

すでに述べたように自分の勝負の土俵で一度狼煙を上げてしまえば、少なくとも国内で出逢うべく人には出逢うことができる。

これは大切な部分なのでもう少々詳しく述べるが、私の本が20万部刷られることで国内の津々浦々の書店に陳列され、その後も170冊以上、累計340万部以上が発行され続け、大型書店にはネームプレートまで挿されているわけだから、ビジネス書や自己啓発書が好きな人の目にはひと通り触れたと考えられるということだ。

**もちろんご縁のなかった人が大半だが、国民の1％、否0・1％や0・01％にご縁を持たれるだけで生涯この道で生きていけるのである。**

これを、あなたにそのまま当てはめてみればよくわかるだろう。

**どんな世界で生きていくためにも、好きなことで生きたければ少なくともプロのオーディションに通らなければならないし、めでたくプロになってからも成功を決めなければならない。**

歌手の世界、お笑いの世界、スポーツの世界は全部そうだし、実はサラリーマンの世界だって同じなのだ。

ビジネスの世界では誰も教えてくれないが、「これを決めてくれた人間は別格扱い」という暗黙のテストがある。

まずはそのテストの存在に気づく感性が必要だ。

そのためには二つのことに注意しよう。

30

人生を大きく
切り拓く
チャンスに
気がつく生き方

## 一流の人のチャンスに対する眼光、自分の違和感。二つを意識する

まず一つ目は、一流の人がそれを見る眼光を観察することだ。

もう一つは、それを目にした瞬間の違和感を大切にすることだ。

この二つさえ踏まえておけば、「あ、これ大事なやつだ」と愚鈍な人間でも察知できる。

あとはそれに全身全霊で立ち向かい、自分はこのために生まれてきたのだと自覚することだ。

そのための勝利法は、本書ですべて公開したつもりだ。

# 31 大型チャンスでしくじっても、中型と小型チャンスの実績が支えてくれる。

大型チャンスに失敗すると、世の中の負け犬が寄って来て、「今のままで十分じゃないか」などと慰めたりしてくれる。「仲間がいて良かった」とほっとするあなたは、次の大型チャンスでも必ずしくじる。

大型チャンスをしくじったら、誰もが挫《くじ》ける。
もし挫けなければ、その人は本気ではなかった証拠であり、最初からエントリーなどしていなかったのだ。

**大型チャンスをしくじった瞬間はわかりやすい。**

**あなたから何もかもがサッと引くからだ。**

人も場の空気もあなたの心の中も殺風景になり、この世のものとは思えない孤独感が襲ってくる。

なかには自ら命を絶ってしまう人もいるが、それは大型チャンスの価値をわかっていたからである。

以上を踏まえたうえで述べると、仮に大型チャンスでしくじっても、中型と小型チャンスで活かした実績があなたを支えてくれるということだ。

**念のため申し上げておくが、大型チャンスを活かせる人なんてほとんどいない。**

**そもそも大型チャンスが巡ってくること自体が奇跡なのだ。**

だから長期的な成功者はとても少ないし、この世は傍観者《ぼうかんしゃ》で溢れ返っているというわけだ。

大型チャンスを逃した翌日以降は、あなたは凡人扱いされ、一流の世界から門前払いされたことがひしひしとわかるはずだ。

ところで、何もかもがサッと引くなかで、唯一残ってくれるものがある。

それが「村社会の負け犬」である。

あなたに大型チャンスが巡ってきたのを嫉妬していた連中が、あなたがしくじったのを確認するや否や、狂喜しながら慰めるふりをして近づいてくるだろう。

なぜこんなにも具体的にわかるのかと言えば、私が経営コンサルタント時代にそうした状況を何度も目《ま》の当たりにしたからである。

人間とはかくも卑しいものなのか、というありのままの事実を直視し、反面教師にさせてもらった。

「成功したら人が寄ってきて、失敗したら人が去って行く」というのは、半分当たっていて半分外れている。

より正確に表現すると、こうなる。

**「成功したら一流と詐欺師が寄ってきて三流の旧友は去って行く。失敗したら三流の旧友が傷を舐め合いに寄ってくる」**

あなたにも心当たりがあるのではないだろうか。

私自身もサラリーマン時代に何度か節目であえて落ちぶれた状況を演出したり、大型プロジェクトの受注を急遽《きゅうきょ》破棄にさせたりしたことがある。

その際に周囲の人間の言動をつぶさに観察させてもらったが、真っ先に三流がウジャウジャ寄ってきた。

某大学教授も本の中で、自分が有名になったあとでそれほど親しくなかった旧友と会う時に、自分がいかに落ちぶれているのかを話すと相手の目が輝き、自分がどんなに成功しているのかを話すと相手の顔が曇《くも》ると述べておられた。

私も実戦でそれを試してみたところ、百発百中だった。

そんなわけだから、仮にあなたが大型チャンスを逃したとしても三流と傷を舐め合ってはいけないし、日々粛々と成すべきことを成せばいい。

**中型と小型チャンスを活かしていれば、執着を手放した瞬間、別の大型チャンスが訪れるかもしれない。**

31

人生を大きく切り拓くチャンスに気がつく生き方

## 大型チャンスに失敗しても中型・小型チャンスに挑戦し続けろ！

# 32 大型チャンスで経験した修羅場は、あなたを〝超人化〟させる。

チャンスが大きければ大きいほど、成功しても失敗しても〝修羅場〟が待ち受けている。

しかしながら、この〝修羅場〟を恐れてチャンスに挑戦しない人生は生きている意味がない。


さて、大型チャンスについて述べるのもこれで最後になってしまった。

大型チャンスは夢とロマンが溢れているのと同時に、それを逃した者にとっては生き地獄のような苦しみになることも多々ある。

だからこそ、奇跡的に授かったあなたの命でぜひ味わってもらいたい体験なのだ。

**多くの場合、大型チャンスはたとえそれが成功しようが失敗しようが、修羅場が含まれている。**

**成功しても成功後には修羅場が待ち受けているものなのだ。**

むしろ成功したほうが修羅場は多いかもしれない。

こればかりは一度経験してみないとわからない。

では大型チャンスには関わらないほうがいいのかと言えば、それは違う。

**大型チャンスから逃げるような人生は、実は生きているふりをして死んでいるのである。**

大型チャンスが巡ってきたら、いずれ訪れる修羅場を知ったうえで立ち向かうべきなのだ。

なぜなら、それが生きるということだからである。

人生の価値は、どれだけ修羅場を経験したかで決まると考えていい。

ニーチェは『ツァラトゥストラ』の中で「超人」という概念を提唱した。

超人とは、スーパーマンのことではない。

ごく普通の人間のことだ。

だが、ただ死なないためだけに毎日のんべんだらりと延命する人間のことではなく、今この瞬間の命に感謝して、昨日の自分より成長しようと命を燃やし尽くす人が超人なのだ。

ちなみに、ただ死なないためだけに毎日のんべんだらりと延命する人間のことをニーチェは「末人《まつじん》」と呼んでいる。

**虚心坦懐に世の中を観察してみると、現代の世の中は末人だらけではないだろうか。**

ニーチェは19世紀にドイツで活躍した哲学者だが、１００年以上前から「末人」が世界中に跋扈《ばっこ》することを予測していたのだ。

その予測が的中したか否かは、あなたに判断を委ねよう。

では、生きる屍《しかばね》である末人にならないためにはどうすればいいのか。

ニーチェはそれも教えてくれている。

「力への意志」という我々の本能にインプットされた使命に従って、正々堂々と強くなることを目指し続ければいいのだ、と。

スポーツ選手は日々強くなって勝利を目指せば、それが超人だ。

受験生は日々猛勉強して志望校合格を目指せば、それが超人だ。

商人は日々稼いでお金持ちを目指せば、それが超人だ。

スーパーモデルは日々美しくなって世界中を魅了させれば、それが超人だ。

あなたにはあなたの土俵があるはずだ。

その土俵でどれだけ輝けるか、どれだけ強くなれるか、それに挑戦し続けるのが超人として人生を生き抜くということなのだ。

大型チャンスと修羅場はセットであることはすでにご理解いただけたかと思うが、それは超人として生きるためには避けられないものなのだ。

**たとえ敗北したとしても、あなたがファイティングポーズを崩さない限り、少なくとも超人であり続けたと言えるのだ。**

32

人生を大きく切り拓くチャンスに気がつく生き方

## 勝っても負けてもどんな修羅場が待っていてもチャレンジし続けろ。

毎年の成長が、
生涯のチャンスを決める。

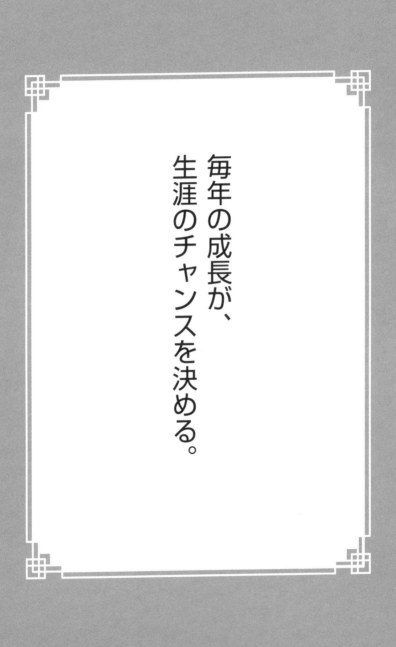

# ACTION.5

# 成功を継続させられる人たちは何が違うのか。

# 33

# 成功を継続させる人の生活水準は、成功のビフォーアフターでほとんど変わらない。

一度大成功を収めたあと継続できず、
一時的な成金で終わってしまう人もいる。
彼らと長期的な成功者は、
いったいどこが違うのだろうか?

せっかくチャンスを掴んで成功したとしても、それが継続できない人は多い。
過半数が成功前よりも貧乏になっているかもしれない。
一発屋さんというのは、お笑い芸人だけではなくビジネスの世界でも非常に多い。
では、一発屋さんと長期的な成功者とでは何が違うのだろうか。

**一発屋さんは成功のビフォーアフターの格差が激しい。**
**急にド派手な生活になり、家賃などの固定費を一気に上げてしまう。**
**それに対して長期的な成功者は、成功のビフォーアフターの格差が小さい。**
**生活水準も上がるには上がるが、年収の割には質素である。**
**そして家賃などの固定費も年収の割には上げない。**

私は職業柄、たまたまこうした成金を見る機会に恵まれたためもう少々詳しく述べると、**一発屋さんは土俵選びを間違えている人が多く、長期的な成功者には土俵選びが上手な人が多かった。**

勝負の土俵選びを間違えた人は、成功までに苦労に苦労を重ねた人か、もしくは本当にラッキーだけで成功した人に限られる。

つまり息切れするか、自分が成功した理由を知らないために継続ができないというわけだ。

呆れるほどにシンプルだが、ただそれだけの理由である。

もう一方で長期的な成功者は、楽勝できる土俵で楽しく工夫を凝らして淡々と勝ち続けていた。

両者の差は埋まることはなく、世の中の経済状況が深刻になればなるほど露呈した。

もちろん、不況や逆境に強いのは長期的な成功者である。

不況や逆境に強いからこそ、長期的な成功者になれたのだから。

**長期的な成功者が成功のビフォーアフターでほとんど変わらないのは、苦労に苦労を重ねて成功したわけではないからである。**

私もそうであったように、「きっと自分ならできるだろうな」と思っていたら実現できて、「ほら、やっぱりできた」としか思わなかった。

処女作を世に出した時も、実は社内で出入りしていた出版社から楽々出せたところを撥《は》ねつけて、格の高い出版社から出した。

今だから正直に告白するが、出版そのものは経営コンサルティング会社に転職できた時点でもう叶っていたのだ。

なぜなら個人事務所の自称経営コンサルティング会社ではなく、水準以上規模と知名度の経営コンサルティング会社に入社しておけば、平社員でも本を出せることを予め調査して知っていたからだ。

個人事務所の自称経営コンサルティング会社はオーナーの本しか出せない。

コンサルティングスキルを磨くためには個人事務所もいいだろうが、本を出すという点においては絶望的であり、最初から私にとっては圏外だった。

**このように長期的な成功というのは、やる前からかなりの部分が戦略的に勝てるとわかっているのだ。**

さて嫉妬している場合ではなく、次はあなたの番である。

## 33

人生を大きく切り拓くチャンスに気がつく生き方

## 大成功のあと続かないのは、勝負する土俵が間違っていたからだ。

# 34

# 一発屋は本当に運だけだが、成功を継続させるには勉強が必須。

大きな成功を手にした。しかしあなたには、本当は自分が一発屋だ、運が良かっただけだという自覚がある。次の成功を確実にゲットするために、あなたがしなくてはならないことは？

本書を読んで勉強するほどの向学心と向上心に溢れるあなたは、その他大勢と比較して明らかに成功率は高い。

だからこそお伝えしておきたいのは、運だけで成功しないようにしてもらいたいということだ。

**本当に運だけでブレイクしてしまう人は確かにいる。**

**しかしその人は運が良い人ではない。**

**運が悪い人なのだ。**

なぜなら運だけでブレイクした人は99％の確率で急激に落ちぶれて、奈落の底に落とされるからである。

最初から低い場所にいた人は苦痛を感じないが、高い場所から低い場所に落ちた人のなかには文字通り死んでしまう人もいる。

**本当に運だけで成功してしまうということは、これから絶望を味わうために仕組まれていたという意味では運が悪いのである。**

それでも1％の確率で成功を継続させる人もいるが、それは勉強をする人だ。

自分が運だけで成功したことを熟知しているから、ピークが過ぎるまでの間に猛勉強をする。

もちろん予想通りピークは過ぎるが、「実はこんなこともできます」とお洒落にアピールするだけで成功は継続する。

世間は「一発屋で終わらなかった有能な人」と評価を上げて、さらにチャンスをもらえるだろう。

しかし賢明なあなたはお気づきのように、そこでもさらに猛勉強をするのである。

**成功している期間というのは、次の準備をさせてもらうための期間なのだ。**

これを知らないと永遠に成功を継続させることはできず、あっちへふらふら、こっちへふらふらしながら、一発当てた過去の栄光を語り続けるだけの醜い人生で幕を閉じる。

いっさいの綺麗事を排除して本音を述べるが、私がこれまでに出逢ってきた1万人以上のビジネスパーソンを虚心坦懐に観察し続けてきた結果、一発屋には低学歴が圧倒的に多く、成功を継続させる人には高学歴が圧倒的に多かった。

もちろんスポットで見れば例外は複数あるが、大数の法則である〝面〟で見ればそう結論づけざるを得ない。

これはつまりどういうことかと言えば、勉強する習慣がある人とそうでない人とでは成功を継続させられる可能性が大きく変わるということである。

10代の頃に勉強の習慣をつけた人には継続力と計画力があるから、やはりチャンスを活かして成功を継続させられる人が多いのだ。

一方で10代の頃に勉強の習慣がつけられなかった人は継続力も計画力もないから、やはりチャンスを活かせないで成功も途切れる人が多いのだ。

これを読んで自分は勉強をしてこなかったからと、ふて腐れている場合ではない。

もし成功を継続させたければ、今から勉強の習慣をつけるしかない。

勉強といっても、英語や数学だけが勉強ではない。

あなたの勝負の土俵で有利になりそうなものはすべて勉強だし、好きなことでも巡り巡って間接的に役立つこともある。

**学ばざる者は、継続できないということだ。**

34

人生を大きく切り拓くチャンスに気がつく生き方

## 成功している期間とは、次の勝負への準備の時である。

## 35 無知蒙昧な成金連中とはいっさい関わらない。

大きな勝負に勝つと、必ず体験することがある。

それは、無教養な下流の成功者が寄って来ることだ。

そんな相手とどう付き合えばいいのか？

ここでは、そのことについて話そう。


「朱に交われば赤くなる」とはよく言ったもので、人は普段隣にいる顔ぶれで人生が決まる。

これはあなたも経験上理解できるだろう。

一流の人は一流の人としか付き合わないし、三流の人は三流の人としか付き合わない。

**一流の世界に三流が紛れ込むと強い違和感を抱くし、三流の世界に一流が紛れ込むとこれまた強烈な違和感を抱くものだ。**

それはあたかも淡水魚が海水に入ったり、海水魚が淡水に入ったりするようなものである。

成功して一番気をつけなければならないのは、下流の成功者と交際しないことだ。下流の成功者とは率直に申し上げて、無知蒙昧な成金連中のことである。

無教養な成金連中とは、連日ニュースを賑わせている自称経営者や成功者を見ていればよくわかるはずだ。

**私が経営コンサルタント時代にもこうした無知蒙昧な成金連中とはたくさん出逢ったが、特徴としては奇抜な格好で不釣り合いな高級外車に乗り、水商売系の愛人を連れていることが多かった。**

きっとそれがカッコいいと思っていたのだろうが、周囲に集まる輩も同じく無知蒙昧な成金ばかりでトラブルが絶えなかった。

**こうしたありのままの現実を見ていて私は無知蒙昧同士ではコラボは無理で、全員**

**がもたれ合いか足の引っ張り合い、あるいは裏切り合いになるという現実を知った。**

私はサラリーマン時代に毎年株主総会に出席していたが、一度、総会屋に遭遇したことがある。

某マルチ商法の会社と取引があることについて騒いでいたのだが、これに興味を持った私は独立後にその会社でカリスマと言われる人物に会ってみた。

ベストセラーを出したあとに向こうから「会ってくれ」と懇願されたからである。当時テレビで「ピンクのスーツを着たマルチ商法のカリスマ」として特集されていた人物だ。

第一印象は卑しく、いかにも無知蒙昧で私にマウンティングをかますために、手下の小男にジャガーのキーを投げつけていた。

ひょっとしたら今でもネット上で私との（司会役の女性を含めた）スリーショット写真が確認できるかもしれない。

いかにも詐欺師特有の卑しい笑顔だから、まともな人であれば一瞬で判別できるはずだ。

同じ年に別のマルチ商法のカリスマとも六本木で（これまた別の女性を含めて）講

演を実施したが、その会社も元同僚が取引していたから1次情報を確認したかったためだ。

もちろんいずれも関係は一回限りだが、無知蒙昧な彼らは自分たちが持たざる者であることを熟知しており、正統派の成功者と肩を組んで手下にアピールしたいのである。

私のようにこうして本を書けるようになると、お洒落に公開処刑して抹殺《まっさつ》できるが、間違ってもこういう輩とは一度ならともかく、二度以上は会わないほうがいいだろう。

**二度以上会い無知蒙昧な成金と親しくなったら最後、下流の人生が確定する。**

## 35

人生を大きく切り拓くチャンスに気がつく生き方

# 大きな成功をしてからは、無知蒙昧な下流成功者とは付き合わない。

# 36 投資よりリアルビジネスのほうが、桁違いにエキサイティングで儲かる。

成功し、お金が入るとしたくなるのが投資である。「お金がお金を産んでくれる」と甘い囁きの勧誘もある。投資について、千田琢哉はどう考えているのか？　それを話そう。


これまで私は、数多くの自称を含めたプロ投資家と会ってきた。

その中で早慶旧帝大以上を卒業して正統派の投資業務に携わっていた真正のエリートたちとの対話は、特に大切にしてきた。

独立後も度々会うこともあるが、彼ら彼女ら真正のエリートたちの声を集約するとこうなる。

**「基本的に投資で毎年出せる利益は元本の5%までである。10%を超える話を持ちかえられたらそれは詐欺と考えて間違いない」**

いかがだろうか。

ここから見えてくることは何だろうか。

それは投資が思ったほど儲からないという事実である。

少し考えてもらいたい。1億円の元本を仮に5%で運用したとして、500万円である。500万円と聞くと「いいな」と思うかもしれないが、多くの人は株価などの上下が常に気になって本業に集中できないし、当たり前だが(ネット証券にすれば安いが)手数料や税金だって取られる。

**それ以上に気づかされるのは、1億円でたったの500万円しか増やせないのなら、ビジネスで増やしたほうが何桁も稼げるという事実である。**

起業した人であれば誰でも首肯《しゅこう》すると思うが、1億円あれば最低でも+1億円、普通は+10億円以上に増やせなければ経営者失格だ。

零細企業が銀行から1億円借りて500万円しか利益を出せなければ、その会社は確実に倒産するだろう。

**これまで誰にも教えたことはないが、冒頭の真正のエリートたちは自分では投資せずにメガバンクやゆうちょ銀行の普通預金や当座預金に資産を放り込んだままであり、本業のビジネスで稼ぎに稼いでいる人が一番多かった。**

一日中自宅でパソコンに張り付いて過ごしている投資家たちは、それはそれでプロ根性を感じるが、それができない人は投資家にはなれない。

私は昔から投資にはほぼ無関心であり、執筆や音声などのコンテンツを磨き抜く人生が一番充実している。

紙書籍も電子書籍も音声コンテンツもすべて食品のような賞味期限もなく、私には在庫のリスクは無縁だから、投資に没頭するより何倍も、何十倍も効率がいいのである。

これまで紙書籍であれば売れる本は数千万円稼いでくれたし、電子書籍や音声コンテンツであれば毎日惰眠を貪っていても課金され続ける。

しかしだからこそ、より一層やる気になるのだ。

コンテンツビジネスはもちろん数十年間のインプット期間が必要だが、一度軌道に乗り、インプットが苦にならない人間であれば青天井で稼ぎ続けられるビジネスだ。

もちろんこれはあくまでも私の例であり、あなたにはあなたの土俵があるはずだ。

一点の曇りもなく投資が好きで、その才能があるのなら投資に没頭すればいい。

しかし何となく投資ブームだからと投資をやっている人には、私の周囲を見る限り一喜一憂を繰り返し、心身ともに疲労困憊して老け込んでいる人が多い。


**世界一の投資家は世界一の富豪ではない。**

36

人生を大きく切り拓くチャンスに気がつく生き方

## 投資よりも自分の土俵で稼げ。甘い考えの投資はマイナスしかない。

# 37 予定納税は、成金が無駄遣いを抑えるためのありがたい制度。

成功を確信している人に、
事前準備として必要なのは、〝節税〟の知識だ。
税金の勉強がなぜ必要なのか？
そのヒントを説明しよう。

脱サラして成功した人であれば誰もが経験するが、桁違いの年収アップと同時に桁違いの税金が奪われる。

しかも予定納税というのがあって、翌年分の税金まで前倒しして納めなければならない。

**私の著者仲間もベストセラーを連発したためにすっかり贅沢三昧の生活をして、予定納税が支払えず税務署が入っただけではなく、帳簿のチェックをされて追加徴税まで取られてしまったと愚痴《ぐち》っていた。**

サラリーマンの人には理解できないかもしれないが、数百万単位、数千万単位、億単位で税金を取られるのだ。

だが私はこの予定納税という制度の良い部分に光を当てて考えると、成金が無駄遣いを抑えるには非常にありがたいものではないかと考えている。

そもそも稼いだお金を全部使ってしまうのは、バカのすることだ。

「江戸っ子は宵越《よいごし》しの銭は持たない」と言われるが、そんなのは時代錯誤《さくご》も甚《はなは》だしいし、それはまさに無知蒙昧な輩の世界である。

**しかるべき教養人であれば最低でも年収分は貯蓄し、その上ではみ出た分を自己投資しているものである。**

ここに議論の余地はない。

貯金が趣味というのは宵越しの銭は持たないのと同様に愚か者だと私は思うが、その理由は貯金が趣味の人は終わりがないからである。

1兆円貯めても、100兆円貯めても、趣味が貯金なのだから満足できない。

換言すれば、この世で一番の浪費であり、お金のかかる趣味は貯金とも言えるのだ。

この世にはどんなものでも塩梅《あんばい》というものがあり、中庸《ちゅうよう》という言葉もある。

予定納税を知らなかった人は一度ネットで丹念に調べておいて、予習しておこう。

**予定納税に限らず税金の特性を虚心坦懐に学んでおくと、お金の残し方がわかる。**

同じ1億円稼いでも半分以上持って行かれる人と、7割以上残せる人がいるのだ。

さらにサラリーマンで年収1000万円とドヤ顔をしている人は、個人事業主で年収200万円の人よりも豊かな生活をしているとは限らない。

サラリーマンは完璧に納税しなければならないが、個人事業主は使い切れずに余ったお金が年収なのだ。

人によっては完全に合法的に節税して、年収1000万円を演じて、年収1億円クラスの生活をしている人もいる。

これもまた勉強だが、サラリーマンは安定しているから一番安心だと思っている人は、一度本当はそうではないかもしれないと疑ってみる価値はある。

なぜ近所の商店街のしがない八百屋さんがベンツを乗り回して暇そうにしているの

か、なぜせこい不動産屋のオヤジが金のネックレスをして毎日パチンコで時間を潰しているのか、その理由を考えてみることだ。

**多くの人が何も考えずにサラリーマンになるということは、逆に考えれば国はそこからガッポリと楽に税金を回収できるということでもある。**

元国税調査官の著者の暴露本は、非常に有益で素晴らしい。

37

人生を大きく切り拓くチャンスに気がつく生き方

## 大成功を収める前に〝節税〟に関して勉強しておくことは必須。

# 38 成功後は物欲をさっさと満たして、頭脳に投資し続ける。

近所の成金を見てわかるのは、かなりの確率で稼いだお金を物欲や性欲に費やしていること。
しかしながら、説明するまでもなくそんなお金の使い方は愚の骨頂だ。

長期的な成功者たちは物欲がないわけではなかったが、物欲に淫することはなかった。

**少なくとも酒や異性に溺れた人で長期的な成功者になった人を私は知らない。**

骨董品や高級機械式腕時計など趣味は様々だったが、いずれも身の丈に合った美しい趣味だった。

それに対して無知蒙昧な成金は物欲や性欲に淫していた。

傍から見ていても吐き気がするくらいに、だ。

高級外車を何台も何十台も所有し、ブランド品を買い漁り、自宅を複数所有し、愛人を取っ替え引っ替えしていた。

そんな生活をしていればすぐにお金は尽きてしまう。

私は別に高級外車を所有するのが悪いとも思っていないし、ブランド品を身につけるのだってお好きならどうぞという感じだ。

成功者なら愛人がいるのもいい。

**問題なのは、不要なものを買い漁って下品なコレクションをすることである。**

乗りもしない車を何台も所有したり、買ったまま箱から出すのを忘れてしまって山積みになっているブランド品だらけだったり、『源氏物語』の光源氏のようにあちこちで浮名を流したりしていると、周囲はお金目当ての人間ばかりが集《つど》い、詐欺師もウジャウジャ寄ってくる。

たとえば起業して成功したら、サラリーマン時代に「これが買えたらいいな」と思っていたものを買えればそれでいいではないか。

私もサラリーマン時代に「こんなの買えるサラリーマンはいないな」と思ったものを独立後に購入し、それで満足だった。

**つまり、成功後は最低限の物欲をさっさと満たして、さっさと飽きることだ。**

この世で最高の贅沢とは時間であり、その時間を有意義にするのは勉強しかない。

つまり自分の頭への投資こそが最高の投資であり、最高の時間を生み出すのである。

経営コンサルタントであれば誰もが知る事実なのだが、高級外車やブランド品の原価や店舗の粗利益を考えたら、とてもではないが無駄遣いをする気にはなれない。

販売員たちは安月給でお客様に見下されないようにと虚勢を張り、上からはこき使われる。

多くの場合、マネージャーも安月給だが、店舗の経営陣は暴利を貪っている。

そんな連中にお金を恵んであげたいなら話は別だが、私は店員や店舗など不要だから直接メーカーと取引して定価の3割で購入したい。

さらに水商売系にお金を落とすのはギャンブル以上に無駄な行為であり、人生を地獄のスパイラルに突入させることは必至である。

水商売も原価が販売価格の数十分の一であることが多く、お金はあっても学はないモテない連中を相手に暴利を貪っているだけである。

こういう連中にお金を配るということは、従業員やお客様を裏切る行為であり、必ずバレるから空気の如く復讐されて成功はご破算になるのだ。

**反対に「もっと贅沢してもいいのに」と思われながら、頭脳に投資し続けていれば尊敬とお金が集まってくる。**

38

人生を大きく切り拓くチャンスに気がつく生き方

## 得た収入の投資先は自分の頭脳。それが次のお金と尊敬を生む。

39

# あなたのやる気を奪う人から、100㎞以上の距離を置く。

あなたが成功した瞬間から、これまで世話になった人たちから嫉妬攻めに遭う。彼らはあなたの次のステップへのやる気を削ごうとする。そんな相手にどう対処すればいいのか?

なぜ長期的な成功者たちは故郷を捨てて都会で勝ち続けている人が多いのかを、あなたはご存知だろうか。

これは私が社会人になって1年目に机上の空論ではなく、生の1次情報として帰納的にまとめて明らかになった事実だが、邪魔する連中から距離を置くためである。

**村社会というのは本当に厄介であり、成功者の足を引っ張ることが三度の飯より好きな連中ばかりだと覚えておいてまず間違いない。**

もちろん地方でも成功者はいるが、スポットではなく面で見ると明らかに故郷を捨てて都会で成功している人のほうが多い。

村社会で一番邪魔をしてくる人は誰かをあなたは知っているだろうか。

それは親である。

**親というのは心配するふりをしながら、自分を超えて捨てられないように必死で、あなたに「謙虚になりなさい！」「お前が東京でやっていけるわけがない！」と罵詈《ばり》雑言《ぞうごん》を浴びせながら洗脳してくる。**

１００％の確率で親はあなたのためだと主張し続けるだろうが、もちろんそれは１００％嘘である。

あなたが自分の下から離れて支配できなくなることを、全身全霊で食い止めようとしているだけだ。

**人生でこれを知っているか否かで雲泥の差になる知恵があるが、それは「あなたの恩人が、あなたの一番の手かせ足かせとなる」というものである。**

その代表が親であり、会社の上司や学校の恩師がそれに次ぐ。

「あんなに素晴らしかった人がどうして自分なんかに嫉妬するの？」とあなたは驚くかもしれないが、それが人間の性《さが》なのだ。

あなたを育ててくれた人であればあるほど、あなたが成功するとあなたを憎むようになる。

師弟関係の多くが袂《たもと》を分かつのは、師匠が弟子に激しく嫉妬したためである。

それ以外の理由は、この宇宙にいっさい存在しない。

**私もご多分に洩《も》れずこれまで数多くの嫉妬を受けてきたが、それらの嫉妬はすべて私が人生で次のステージにアップする直前だった。**

例外はなかった。

だから、あなたも知っておいてもらいたい。

身近でお世話になった人が急に恩着せがましく粘着質に嫉妬してきたら、あなたはその人と決別すべきタイミングなのだ。

さらに厳しいことを述べるが、それが夫婦のパートナーだったりすることも少なくない。

その場合もできれば離婚、最低でも別居しなければあなたの才能は枯渇するだろう。才能が枯渇するということは、才能の死を意味するということだ。

せっかくそれで輝くためにこの世に生まれてきたのに、それを無駄遣いしたのだから神に対する冒涜《ぼうとく》でもあり、運気が急降下するのは必至である。

あなたのやる気を奪う人間とは、最低でも物理的に１００㎞の距離を置くことだ。

それだけの距離を置けば、容易に日帰りで行き来することはできないから口出しはさせないという点で効果的である。

**嫉妬された相手から距離を置くと、一瞬で幸せになれるのだ。**

39
人生を大きく切り拓くチャンスに気がつく生き方

## あなたのやる気を失わせようとする相手とは付き合わない。

# 40 人は満足した瞬間から、ふんぞり返る。

小さな会社の社長ほど、威張る。

それはどうしてなのか?

「足るを知る」の真意とは何なのか?

本書の最後にこのことについて一緒に考えよう。


ここで私は、精神論や道徳論をあなたにぶちたいのではない。

毒親が子どもに「謙虚になりなさい!」と連呼して洗脳し、成長を食い止めるのとは対極の内容である。

なぜ人はふんぞり返るのか。

それは満足をするからである。

人は満足した瞬間から、ふんぞり返るのである。

たとえば、サラリーマンでふんぞり返っている連中を思い出してもらいたい。

一番低レベルなのは、新入社員でふんぞり返っている輩である。

なぜ彼ら彼女らがふんぞり返っているのかと言えば、その会社に入社できたことで満足しているからだ。

課長や部長になってふんぞり返った人は、課長や部長でその人が満足してしまったからである。

会社を上場させてふんぞり返った人は、上場させることで満足してしまったからである。

**要は自分の器《うつわ》が一杯になったところで、人はふんぞり返るのである。**

私は2社の東証一部上場企業でサラリーマンを経験してこの法則を見つけたが、人によって器のサイズは異なることを知った。

独立してからもこれは同じで、初期の頃にいくつかの出版社の著者パーティーに参加したことがあった。

その際に面白かったのは、著作が数冊の著者が一番ふんぞり返っていたという現実だった。

反対に著作数が三桁の多作家たちにはとても謙虚で飄々《ひょうひょう》としている人が多かった。

そうした1次情報を獲得できただけでも、それらのパーティーに参加して良かったのかもしれない。

私が著作数三桁を超えてからは一度もその種のパーティーに参加していないが、今でもその状況は変わっていないのではないだろうか。

**そう言えば経営コンサルティング会社に勤務していた頃も、会社の規模が小さい社長ほど偉そうだったし、東証一部上場企業や政府系金融機関のトップたちほど謙虚だった。**

その理由は前者の人間性が低くて、後者の人間性が高かったからではない。

前者はせこい会社の社長というだけでお腹一杯になる程度の器の人間だったのであり、後者は巨大組織のトップになってもまだハングリーに次のステージを目指していたからなのだ。

「足るを知る」という言葉もあるが、これは「満足してふんぞり返れ」という意味では断じてない。

**「足るを知る」の真意は「人間は自分が思っているよりもずっと素晴らしい。その素晴らしさを最大限発揮させて生きよ」という意味であり、自分の才能や使命を極限まで活かすことなのだ。**

どちらかと言えば「大欲は無欲に似たり」に近い。実際、大きな志を持っている者は何も志を持っていない者と同じように日常では質素で目立たないのかもしれない。

あなたもこれまでの人生を振り返り、他人の半分の努力で倍以上のスピードで成長したことを思い出してもらいたい。

その分野にあなたの寿命を懸《か》ければ、ふんぞり返っている暇などいっさいない。

**あなたとは、共に咲く人生を歩みたい。**

## 40

人生を大きく切り拓くチャンスに気がつく生き方

## あなたには威張っている時間はない。次の成功に向けて走れ！

淡々と使命を果たして
いる人には、敵わない。

# 千田琢哉著作リスト（2021年7月現在）

『人生の勝負は、朝で決まる。』

『集中力を磨くと、人生に何が起こるのか？』

『大切なことは、「好き嫌い」で決めろ！』

『20代で身につけるべき「本当の教養」を教えよう。』

『残業ゼロで年収を上げたければ、まず「住むところ」を変えろ！』

『20代で知っておくべき「歴史の使い方」を教えよう。』

『「仕事が速い」から早く帰れるのではない。「早く帰る」から仕事が速くなるのだ。』

『20代で人生が開ける「最高の語彙力」を教えよう。』

『成功者を奮い立たせた本気の言葉』

『生き残るための、独学。』

『人生を変える、お金の使い方。』

『「無敵」のメンタル』

『根拠なき自信があふれ出す！「自己肯定感」が上がる100の言葉』

『いつまでも変われないのは、あなたが自分の「無知」を認めないからだ。』

『人生を切り拓く100の習慣』

【マンガ版】『人生の勝負は、朝で決まる。』

『どんな時代にも通用する「本物の努力」を教えよう。』

『「勉強」を「お金」に変える最強の法則50』

**● KADOKAWA**

『君の眠れる才能を呼び覚ます50の習慣』

『戦う君と読む33の言葉』

**●かや書房**

『人生を大きく切り拓くチャンスに気がつく生き方』

**●かんき出版**

『死ぬまで仕事に困らないために20代で出逢っておきたい100の言葉』

『人生を最高に楽しむために20代で使ってはいけない100の言葉』

『20代で群れから抜け出すために顰蹙を買っても口にしておきたい100の言葉』

『20代の心構えが奇跡を生む【CD付き】』

**●きこ書房**

『20代で伸びる人、沈む人』

『伸びる30代は、20代の頃より叱られる』

『仕事で悩んでいるあなたへ 経営コンサルタントから50の回答』

**●技術評論社**

『顧客が倍増する魔法のハガキ術』

**●アイバス出版**

『一生トップで駆け抜けつづけるために20代で身につけたい勉強の技法』

『一生イノベーションを起こしつづけるビジネスパーソンになるために20代で身につけたい読書の技法』

『1日に10冊の本を読み3日で1冊の本を書く ボクのインプット＆アウトプット法』

『お金の9割は意欲とセンスだ』

**●あさ出版**

『この悲惨な世の中でくじけないために20代で大切にしたい80のこと』

『30代で逆転する人、失速する人』

『君にはもうそんなことをしている時間は残されていない』

『あの人と一緒にいられる時間はもうそんなに長くない』

『印税で1億円稼ぐ』

『年収1,000万円に届く人、届かない人、超える人』

『いつだってマンガが人生の教科書だった』

**●朝日新聞出版**

『人生は「童話」に学べ』

**●海竜社**

『本音でシンプルに生きる！』

『誰よりもたくさん挑み、誰よりもたくさん負けろ！』

『一流の人生 － 人間性は仕事で磨け！』

『大好きなことで、食べていく方法を教えよう。』

**●学研プラス**

『たった2分で凹みから立ち直る本』

『たった2分で、決断できる。』

『たった2分で、やる気を上げる本。』

『たった2分で、道は開ける。』

『たった2分で、自分を変える本。』

『たった2分で、自分を磨く。』

『たった2分で、夢を叶える本。』

『たった2分で、怒りを乗り越える本。』

『たった2分で、自信を手に入れる本。』

『私たちの人生の目的は終わりなき成長である』

『たった2分で、勇気を取り戻す本。』

『今日が、人生最後の日だったら。』

『たった2分で、自分を超える本。』

『現状を破壊するには、「ぬるま湯」を飛び出さなければならない。』

# 千田琢哉著作リスト（2021年7月現在）

●総合法令出版

『20代のうちに知っておきたい お金のルール38』
『筋トレをする人は、なぜ、仕事で結果を出せるのか？』
『お金を稼ぐ人は、なぜ、筋トレをしているのか？』
『さあ、最高の旅に出かけよう』
『超一流は、なぜ、デスクがキレイなのか？』
『超一流は、なぜ、食事にこだわるのか？』
『超一流の謝り方』
『自分を変える 睡眠のルール』
『ムダの片づけ方』
『どんな問題も解決する すごい質問』
『成功する人は、なぜ、墓参りを欠かさないのか？』
『成功する人は、なぜ、占いをするのか？』
『超一流は、なぜ、靴磨きを欠かさないのか？』
『超一流の「数字」の使い方』

●SBクリエイティブ

『人生でいちばん差がつく20代に気づいておきたいたった1つのこと』
『本物の自信を手に入れるシンプルな生き方を教えよう。』

●ダイヤモンド社

『出世の教科書』

●大和書房

『20代のうちに会っておくべき35人のひと』
『30代で頭角を現す69の習慣』
『やめた人から成功する。』
『孤独になれば、道は拓ける。』
『人生を変える時間術』
『極 突破力』

●宝島社

『死ぬまで悔いのない生き方をする45の言葉』
【共著】『20代でやっておきたい50の習慣』
『結局、仕事は気くばり』
『仕事がつらい時 元気になれる100の言葉』
『本を読んだ人だけがどんな時代も生き抜くことができる』
『本を読んだ人だけがどんな時代も稼ぐことができる』
『1秒で差がつく仕事の心得』
『仕事で「もうダメだ！」と思ったら最後に読む本』

●ディスカヴァー・トゥエンティワン

『転職1年目の仕事術』

●KKベストセラーズ

『20代 仕事に躓いた時に読む本』
『チャンスを掴める人はここが違う』

●廣済堂出版

『はじめて部下ができたときに読む本』
『「今」を変えるためにできること』
『「特別な人」と出逢うために』
『「不自由」からの脱出』
『もし君が、そのことについて悩んでいるのなら』
『その「ひと言」は、言ってはいけない』
『稼ぐ男の身のまわり』
『「振り回されない」ための60の方法』
『お金の法則』
『成功する人は、なぜ「自分が好き」なのか？』

●実務教育出版

『ヒツジで終わる習慣、ライオンに変わる決断』

●秀和システム

『将来の希望ゼロでもチカラがみなぎってくる63の気づき』

●祥伝社

『「自分の名前」で勝負する方法を教えよう。』

●新日本保険新聞社

『勝つ保険代理店は、ここが違う！』

●すばる舎

『今から、ふたりで「5年後のキミ」について話をしよう。』

『「どうせ変われない」とあなたが思うのは、「ありのままの自分」を受け容れたくないからだ』

●星海社

『「やめること」からはじめなさい』
『「あたりまえ」からはじめなさい』
『「デキるふり」からはじめなさい』

●青春出版社

『どこでも生きていける 100年つづく仕事の習慣』
『「今いる場所」で最高の成果が上げられる100の言葉』
『本気で勝ちたい人は やってはいけない』
『僕はこうして運を磨いてきた』
『「独学」で人生を変えた僕がいまの君に伝えたいこと』

●清談社 Publico

『一流の人が、他人の見ていない時にやっていること。』

『こんな大人になりたい！』

『器の大きい人は、人の見ていない時に真価を発揮する。』

**●PHP研究所**

『「その他大勢のダメ社員」にならないために20代で知っておきたい100の言葉』

『お金と人を引き寄せる50の法則』

『人と比べないで生きていけ』

『たった1人との出逢いで人生が変わる人、10000人と出逢っても何も起きない人』

『友だちをつくるな』

『バカなのにできるやつ、賢いのにできないやつ』

『持たないヤツほど、成功する！』

『その他大勢から抜け出し、超一流になるために知っておくべきこと』

『図解「好きなこと」で夢をかなえる』

『仕事力をグーンと伸ばす20代の教科書』

『君のスキルは、お金になる』

『もう一度、仕事で会いたくなる人。』

『好きなことだけして生きていけ』

**●藤田聖人**

『学校は負けに行く場所。』

『偏差値30からの企画塾』

『「このまま人生終わっちゃうの？」と諦めかけた時に向き合う本。』

**●マガジンハウス**

『心を動かす 無敵の文章術』

**●マネジメント社**

『継続的に売れるセールスパーソンの行動特性88』

『存続社長と潰す社長』

『尊敬される保険代理店』

**●三笠書房**

『「大学時代」自分のために絶対やっておきたいこと』

『人は、恋愛でこそ磨かれる』

『仕事は好かれた分だけ、お金になる。』

『1万人との対話でわかった 人生が変わる100の口ぐせ』

『30歳になるまでに、「いい人」をやめなさい！』

**●リベラル社**

『人生の9割は出逢いで決まる』

『「すぐやる」力で差をつけろ』

**●徳間書店**

『一度、手に入れたら一生モノの幸運をつかむ50の習慣』

『想いがかなう、話し方』

『君は、奇跡を起こす準備ができているか。』

『非常識な休日が、人生を決める。』

『超一流のマインドフルネス』

『5秒ルール』

『人生を変えるアウトプット術』

『死ぬまでお金に困らない力が身につく25の稼ぐ本』

『世界に何が起こっても自分を生ききる25の決断本』

『10代で知っておきたい 本当に「頭が良くなる」ためにやるべきこと』

**●永岡書店**

『就活で君を光らせる84の言葉』

**●ナナ・コーポレート・コミュニケーション**

『15歳からはじめる成功哲学』

**●日本実業出版社**

『「あなたから保険に入りたい」とお客様が殺到する保険代理店』

『社長！この「直言」が聴けますか？』

『こんなコンサルタントが会社をダメにする！』

『20代の勉強力で人生の伸びしろは決まる』

『ギリギリまで動けない君の背中を押す言葉』

『あなたが落ちぶれたとき手を差しのべてくれる人は、友人ではない。』

『新版 人生で大切なことは、すべて「書店」で買える。』

**●日本文芸社**

『何となく20代を過ごしてしまった人が30代で変わるための100の言葉』

**●ぱる出版**

『学校で教わらなかった20代の辞書』

『教科書に載っていなかった20代の哲学』

『30代から輝きたい人が、20代で身につけておきたい「大人の流儀」』

『不器用でも愛される「自分ブランド」を磨く50の言葉』

『人生って、それに早く気づいた者勝ちなんだ！』

『挫折を乗り越えた人だけが口癖にする言葉』

『常識を破る勇気が道をひらく』

『読書をお金に換える技術』

『人生って、早く夢中になった者勝ちなんだ！』

『人生を愉快にする！超・ロジカル思考』

**千田琢哉**（せんだ・たくや）

愛知県生まれ。岐阜県各務原市育ち。文筆家。東北大学教育学部教育学科卒。

日系損害保険会社本部、大手経営コンサルティング会社勤務を経て独立。コンサルティング会社では多くの業種業界におけるプロジェクトリーダーとして戦略策定からその実行支援に至るまで陣頭指揮を執る。

のべ3,300人のエグゼクティブと10,000人を超えるビジネスパーソンたちとの対話によって得た事実とそこで培った知恵を活かし、"タブーへの挑戦で、次代を創る"を自らのミッションとして執筆活動を行っている。著書は本書で174冊目。

音声ダウンロードサービス「真夜中の雑談」、完全書き下ろしPDFダウンロードサービス「千田琢哉レポート」も好評を博している。

# 人生を大きく切り拓くチャンスに気がつく生き方
## ——あのとき、こうしておけば良かったと思わないために

2021年7月30日　第1刷発行

著　者　千田琢哉

発行人　岩尾悟志
発行所　株式会社かや書房
〒162-0805
東京都新宿区矢来町113　神楽坂升本ビル3F
電話　03-5225-3732（営業部）

印刷・製本　中央精版印刷株式会社


ISBN978-4-910364-09-4 C0030